LAURA
DAHLMEIER
mit Franziska Kučera

»WENN ICH WAS MACH, MACH ICH'S GSCHEID«

LAURA
DAHLMEIER
mit Franziska Kučera

»WENN ICH WAS MACH, MACH ICH'S GSCHEID«

Über Herausforderungen,
die Freiheit in den Bergen und
warum es wichtig ist,
sein Ding durchzuziehen

riva

Bibliografische Information der Deutschen Nationalbibliothek
Die Deutsche Nationalbibliothek verzeichnet diese Publikation in der Deutschen Nationalbibliografie. Detaillierte bibliografische Daten sind im Internet über https://dnb.de

Für Fragen und Anregungen
info@m-vg.de

Wichtiger Hinweis
Ausschließlich zum Zweck der besseren Lesbarkeit wurde auf eine genderspezifische Schreibweise sowie eine Mehrfachbezeichnung verzichtet. Alle personenbezogenen Bezeichnungen sind somit geschlechtsneutral zu verstehen.

Originalausgabe
5. Auflage 2025

Türkenstraße 89
80799 München
Tel.: 089 651285-0

Redaktion: Frank Martin Siefarth, DiE WORTSTATT
Umschlaggestaltung: Isabella Dorsch
Umschlagabbildung: © Daniel Hug / @terragraphy
Satz: abavo GmbH, Buchloe
Druck: CPI books GmbH, Leck
Printed in the EU

Wir produzieren nachhaltig
www.m-vg.de

ISBN Print 978-3-7423-2176-3
ISBN E-Book (EPUB, Mobi) 978-3-7453-1942-2

Inhalt

Vorwort von Thomas Huber

Langsam schiebt sich die Sonne über den Grat, und das frühmorgendliche Licht überflutet glutrot den Granitpfeiler. Wir Brüder sitzen mitten drin auf einem Felsband und genießen die wärmenden Strahlen. Laura steht neben uns und sortiert konzentriert das Klettermaterial an ihrem Gurt. Immer wieder schweift ihr Blick hinauf entlang eines leicht überhängenden Risses, der den Granitpanzer über uns teilt. Sie übernimmt jetzt das Klettern am »scharfen« Ende des Seils – unerschrocken, bestimmt und gleichzeitig bedacht. »HmlaA« steht wie eine Zauberformel auf ihrem Helm geschrieben und spiegelt ihre besondere Mentalität wider. Was die Formel bedeutet, bleibt den Leserinnen und Lesern als detektivische Aufgabe überlassen.

Ihre Augen funkeln. Sie trocknet noch einmal ihre Hände mit Magnesia. Alexander gibt ihr ein motivierendes »Geeht schoo!« mit auf den Weg und ich lege ihr Seil in mein Sicherungsgerät. Ein letzter prüfender Blick, ob alles stimmt, ein verschmitztes Lächeln von der kleinen, zierlichen Laura in dieser großen Wand – dann klettert sie los in die steile Welt, so mutig und frech.

* * *

Diese scheinbare »Scheiß-da-nix-dann-feid-da-nix«-Mentalität ist verankert in einem tiefen Urvertrauen in Laura, denn sie wuchs als echtes Bergkind heran. Sie verliebte sich in diese steile Welt, wurde beschenkt mit unglaublichen Momenten, entdeckte in dieser Stille eine schier unendliche Weite, eine tiefe Liebe zur Natur. Dabei hat sie immer beobachtet, zugehört, lernte die Sprache der Berge und dass am Ende die Unmöglichkeit nur in einem Selbst existiert. Heute brennt in ihr die Seele eines echten *Stone Monkey*: wild, unangepasst und auch ein wenig rebellisch, auf jeden Fall selbstbewusst mit voller Hingabe ihren eigenen Weg gehend.

Und Lauras Weg war bisher steil. Sie hat sich immer den großen Herausforderungen gestellt, egal ob in einer Felswand oder auf der gespurten Langlaufloipe. Sie hatte eine Vision, ein Ziel, das sie mit Leidenschaft, Training und Ausdauer verfolgte. Und dieses Ziel war immer das Oben, der Ort, wo es nicht mehr weitergeht, der Gipfel. Im Biathlon hat sie den höchsten Gipfel erreicht. Sie hielt inne, blickte in alle Himmelsrichtungen, erlebte diesen Moment intensiv und sog alles in sich auf. Sie hätte sich dort oben noch eine Zeit lang sonnen können. Aber sie ist vom Herzen ein Kind der Berge, eine Bergsteigerin, eben ein *Stone Monkey* – zu neugierig auf das Neue. Deshalb stieg sie zum richtigen Zeitpunkt wieder ab, nahm all die Erfahrungen und Erinnerungen mit ins Tal und machte sich zielstrebig auf ihren neuen, eigenen Weg.

* * *

Und deswegen sind wir jetzt hier, mitten im Brouillard-Pfeiler am Mont Blanc. Laura platziert akribisch eine Sicherung in den Riss in einer Welt voller Gefahren und klettert mutig geschmeidig weiter. Sie kann es, weil sie weiß, was sie tut. Und sie ist gut vorbreitet, denn wenn Laura etwas macht, dann macht sie's gscheid! Und so sind wir uns sicher, dass wir heute noch zu dritt den Gipfel erreichen werden – und zwar den höchsten der Alpen.

Kapitel 1
Entscheidung für die Freiheit

Der Wind pfeift mir wie verrückt um die Ohren. Ich muss es trotzdem schaffen! Ich ziele. Wieder knallt eine Böe gegen mich und rüttelt am Gewehr. Verflixt! Ich warte, halte meine Waffe dabei weiter im Anschlag. Der Wind gibt nicht nach. Wie lange stehe ich schon am Schießstand? Das kostet zu viel Zeit! Nein, ganz ruhig! Nichts dem Zufall überlassen. Ich kann das. Ich halte und halte. Die Böe lässt endlich nach. Das ist die Chance! Ausatmen, Luft anhalten, Konzentration: Ganz ruhig halten und genau zielen. Jetzt: klick, peng. Nachhalten, nachhalten! Die Scheibe wird weiß. Treffer! Auch der fünfte Schuss! Ich werfe mir das Gewehr auf den Rücken und renne wie beflügelt los.

Die Schlussrunde. Noch mal 2,5 Kilometer. Ich habe super geschossen, aber noch ist nichts gewonnen. Wie es wohl den anderen Läuferinnen ergangen ist? Nicht darüber nachdenken! Du schaffst das. Jetzt noch mal 100 Prozent geben! Und doch nicht zu früh zu viel geben, warnt eine andere Stimme in mir.

Puh, der lange Anstieg ist geschafft, jetzt noch die letzten Serpentinen hoch. Meine Lunge brennt und meine

Beine sind unglaublich schwer. Ich kann nicht mehr. Doch, komm schon! Ein bisschen geht schon noch. Das ist der allerletzte Anstieg, es ist nicht mehr weit, nur noch drei Minuten bis zum Ziel: Das geht noch. Das MUSS noch gehen!

»Es sieht gut aus, jetzt kommt es auf jede Sekunde an!« Die Trainer! Sie laufen neben mir her. »Komm mit der Hüfte über den Ski! Mach einen sauberen Abdruck! Komm von oben auf den Stock!« Die vertrauten Stimmen geben mir eine ungeheure Kraft. Ich konzentriere mich nur noch auf das, was sie mir sagen, blende die Schmerzen aus. »Nimm noch mal den Schwung mit! Arbeite rüber, in die Abfahrt rein! Tief ein- und ausatmen!« Weiterkämpfen, Schritt für Schritt.

Endlich, ich bin oben. Jetzt nur noch sauber runterfahren. Gut umtreten, bloß nicht wegrutschen. Das Stadion kommt immer näher. Es tut nicht mehr lange weh. Es ist nicht mehr weit. Jetzt noch mal Vollgas – bloß am Ende nichts verschenken! Die Ziellinie, ich sehe sie. Gib alles! Uuund, drüber …

* * *

Es war geschafft: Ich hatte das Sprintrennen der Olympischen Winterspiele 2018 in Südkorea mit einer ordentlichen Schussleistung absolviert. Wie groß mein Erfolg aber wirklich ausfallen würde, erfuhr ich erst später. Ich hatte Startnummer 23, es folgten also noch einige sehr gute Biathletinnen. Ich hatte alles gegeben, alles aus mir rausgeholt und gekämpft bis zum Schluss. Aber ob das reichen würde? Ich hatte zwar fehlerfrei geschossen, aber beim letzten Stehendschießen auch sehr lange gebraucht, und meine läuferische Leistung war für mich schwer einzuschätzen. Es war also durchaus noch möglich, dass eine andere Läuferin ebenfalls fehlerfrei schießen, schneller laufen und mich bei der Platzierung einholen würde.

Das alles schoss mir durch den Kopf, während ich nach der Zieleinfahrt in der überhitzten Kabine saß und auf das Ende des Rennens wartete. Um mich herum wuselten andere Athletinnen, gingen ein und aus. Unser Pressesprecher kam regelmäßig wegen Interviewanfragen zu mir und ich löcherte ihn jedes Mal: »Stefan, wie schaut's aus, kommt da noch jemand?« – »Nein, schaut gut aus!« Dann aber der innerliche Appell: Nicht zu früh freuen!

Beim nächsten Mal wieder: »Kommt immer noch niemand nach?« – »Nein, schaut wirklich gut aus.« – »Was heißt das?« – »Eine Medaille sollte es sicher sein.«

Schließlich kam er erneut herein und sagte tatsächlich: »Jetzt kommt keine mehr!« Ich konnte es kaum glauben: »Wirklich nicht!?« – »Nein, es sind alle durch.« Erst jetzt sickerte es langsam in mich hinein: Ich hatte die Goldmedaille gewonnen! Jubelnd fielen wir uns um den Hals. Mein Kindheitstraum war wahr geworden! Ich war so stolz und glücklich, es war einfach ein einzigartiges Gefühl, dieses langjährige Ziel, auf das ich so lange hingearbeitet hatte, zu erreichen. Ich hatte es wirklich geschafft ...

* * *

Ich bekomme noch heute Gänsehaut, wenn ich an das 7,5-Kilometer-Sprint-Rennen in Pyeongchang denke. Der Druck damals war enorm. Alle waren der Meinung, dass ich bei Olympia sicher einiges gewinnen und die Wettkämpfe mit links machen würde. Aber so einfach war es nicht. Die Saison bis dahin war holprig verlaufen und ich haderte mit der finalen Abstimmung meines Skimaterials. Das Olympia-Biathlonstadion in Pyeongchang war nicht besonders gut konzipiert (es handelte sich um einen umgebauten Golfplatz), die Strecken waren weniger harmonisch zu laufen als die Übrigen im Weltcup.

Das Rennen fand untypisch spät am Abend statt und es war extrem kalt und windig. Ich trug dickere Skiunterwäsche und extrawarme Handschuhe, die ich zuvor noch nie angehabt hatte und die ein sensibles Handling erschwerten. Im Stadion waren nur wenige Zuschauer, darunter kaum Deutsche oder biathlonerprobte Fans. Die begeisterten Anfeuerungsrufe an den Schießständen fehlten. Die ganze Atmosphäre war sehr kühl und hart. Es lag eine unangenehme Spannung in der Luft, die wiederum meine starke innere Anspannung spiegelte. Außerdem eröffnete der Biathlonsprint die Wettbewerbe bei diesen Winterspielen und damit schaute die ganze Sportwelt auf diesen ersten Wettkampf.

Das einzig Aufmunternde war, dass meine Eltern extra angereist waren. Und Linda, eine sehr gute Freundin von mir, und ihr damaliger Freund Matthias, die als Lehrer ihre Schulferien dafür geopfert und keine Mühen und Kosten gescheut hatten, um mir live vor Ort in Südkorea zuschauen zu können. Bis kurz vor Beginn des Rennens war nicht klar gewesen, ob sie rechtzeitig ankommen würden, da sich die Anreise nach Pyeongchang etwas kompliziert gestaltete. Doch sie schafften es. Und ich eine halbe Stunde später auch: Ich lieferte ein sehr gutes Rennen ab und gewann Gold – das war einfach ein unglaubliches Gefühl! Auch weil ich bis dahin noch kein bedeutendes Sprintrennen gewonnen hatte. Vor allem aber, weil ich diesem Moment so lange entgegengefiebert hatte.

* * *

Ich erzähle gerne die Anekdote, wie ich als Kind jubelnd auf meinem Stockbett stehend die Medaillenvergabe bei Olympia nachahmte. Was damals ein Spiel war, hatte sich über die Jahre zu meinem großen Ziel verfestigt, und nun hatte ich es erreicht! Für mich war dieser Sprint daher das Rennen in Perfektion, der absolute Höhepunkt meiner Karriere!

Noch dazu hatte ich mir durch das gute Ergebnis beim Sprint die beste Startposition für mein Lieblingsrennen geschaffen, das Verfolgerrennen. Dass ich dann bei diesem zwei Tage später wieder die Goldmedaille abräumte und meinen Erfolg damit untermauerte, war das absolute i-Tüpferl für mich. Es war ein geniales Rennen: Ich hatte so viel Vorsprung, dass ich nach dem vierten Schießen eigentlich nichts mehr zu befürchten hatte und die letzten Meter wahrlich genießen konnte – davon träumt man als Athletin!

* * *

Ich spüre immer noch, wie emotional angespannt ich in diesen Tagen war. Und nicht nur mein persönlicher Erfolg brannte sich mir ein. Alles, was rund um und bei den Winterspielen in Pyeongchang passierte, treibt mich bis heute um.

Kaum jemand wusste damals, dass kurz vor den Olympischen Spielen mein sehr enger Freund Xari beim Eisklettern verunglückt war und ich wenige Tage vor Abflug nach Südkorea noch auf seiner Beerdigung war. Ich hatte außer den Trainern und den Teamkollegen niemandem davon erzählt. Ich war sehr durcheinander und schwappte innerlich immer zwischen zwei Extremen hin und her: Auf der einen Seite war ich unglaublich erschüttert, traurig und stand völlig neben mir. Auf der anderen Seite dachte ein Teil von mir: Jetzt erst recht! Jetzt mache ich das alles auch ein Stück weit für ihn. Und wenn ich jetzt schon da bin, dann gebe ich alles und zeige, was ich kann!

Natürlich holten mich die bitteren Gedanken während der Spiele trotzdem ein. Ich versuchte dann immer aufs Neue, den Kopf nicht in den Sand zu stecken und aus der Situation eher Kraft zu schöpfen. Wenn es aber in den Wettkämpfen nicht optimal lief, tat ich mich schwer, das hinzunehmen. Zum Beispiel konnte ich nicht verstehen, wie es möglich war, dass wir als Team – ähnlich wie schon in Sotschi 2014 – nicht gut funktionierten und nur den 8. Platz in der Damenstaffel belegten.

In diesen Tagen begann ich – trotz meines großen persönlichen Erfolgs –, mir immer wieder Fragen zu stellen: »Was ist das Leben wert? Ist es richtig, in meinem Leben das Hauptaugenmerk auf die Biathlonkarriere zu legen? Möchte ich noch etwas anderes machen?« Beantworten konnte ich mir die Fragen zu diesem Zeitpunkt noch nicht. Ich wusste nur, ich hatte mein großes Ziel verwirklicht, und mehr als einen Olympiasieg konnte ich im Biathlon eigentlich nicht mehr erreichen.

* * *

Einen Monat nach den Winterspielen fanden die letzten Rennen der Saison 2017/2018 in Tjumen statt. Ich war immer gerne in Russland, aber es war auch immer hart. Und in diesem Jahr fiel es mir besonders schwer, Ende März bei minus 20 Grad an der Sibirischen Grenze zu sitzen, während von zu Hause schon die ersten Frühlingsfotos eintrudelten. Ich war wenig daheim gewesen und nach wie vor beschäftigte mich der Tod meines Freundes. Das nagte an mir.

Dann war das letzte Rennen vorbei. Ich hatte mich nur mittelmäßig konzentriert, dadurch eine bessere Platzierung vergeben und war unzufrieden mit meiner Leistung. Während der langen Fahrt mit dem Bus zurück in unsere Unterkunft brach alles in mir zusammen.

Ich hatte die Saison durchgestanden, aber jetzt hatte ich einfach keine Lust mehr. Soll das mein Leben sein, in Sibirien im Kreis zu laufen? Es konnte doch so schnell vorbei sein.

Abends saß ich dann bei der Saison-Abschlussparty mit dem Südtiroler Biathleten Lukas Hofer zusammen. »Mensch Laura, schau mal, hast du schon mitbekommen, wie die die Strecke planen?« Lukas hielt mir sein Handy unter die Nase und zeigte mir ein Streckenprofil für die Olympischen Winterspiele in China 2022. Er war total aufgeregt und ich spürte ganz stark, wie motiviert er war und bereits jetzt für eine Sache brannte, die erst in vier Jahren stattfinden würde – und das, obwohl seine Rennen in Pyeongchang nicht optimal gelaufen waren. Und ich, die gerade den Erfolg ihres Lebens gehabt hatte? Ich nuschelte nur abwechselnd »Aha«, »Ja«, »Mhm« und stellte mit einer mich erschreckenden Klarheit fest, wie fern mir das alles war. Ich hatte diese Leidenschaft so nicht mehr, wollte mich mit nichts davon beschäftigen. Ich war einfach nur heilfroh, dass die Saison vorbei war. Diese Begegnung war für mich so eindrücklich, dass ich kurz darauf zu einer ersten Entscheidung kam: Die Olympischen Spiele sollten mich nicht wiedersehen.

* * *

Dann ging ich erst mal auf Reisen. Mit ein paar Freunden ging es für 14 Tage nach Georgien zum Skitourengehen, was ich sehr genoss: Ein ganz anderes, sehr abwechslungsreiches Land, das unglaublich viele Abenteuer bietet und dennoch unkompliziert zu bereisen ist. Wir brauchten wenig Geld und fühlten uns total frei.

Anschließend fuhren wir unter anderem nach Chamonix, wo wir Allgäuer Bergführer kennenlernten. Mit ihnen unternahmen wir mehrere Tage hintereinander lange und wirklich anspruchsvolle, aber großartige Touren: Wir stapften mit den Skiern auf dem Rücken durch den Col du Diable hinauf und fuhren über den Mont Blanc du Tacul (4248 Meter) wieder ab. Dann stiegen wir auf die Aiguille Verte mit 4122 Metern und fuhren durch das Whymper Couloir ab. Zum Schluss gingen wir noch alle drei Gipfel des Grand Combin vom Tal aus an, dabei stieg ich zum ersten Mal über 3000 Höhenmeter am Stück auf.

Das waren fantastische Tage, in denen alles perfekt war: Das Wetter, die Verhältnisse, die Truppe – wir waren frei in unserem Tun und Lassen und entschieden täglich aufs Neue, wo es am nächsten Tag hingehen sollte – auf diese Freiheit hatte ich mich nach der langen Biathlonsaison und den monatelang durchgetakteten Wochen immer wahnsinnig gefreut. Aber in diesem Jahr spürte ich alles noch intensiver und mir wurde bewusst, dass ich mich nicht nur konditionell, sondern auch bergsteigerisch gesteigert hatte. Meine Möglichkeiten wurden mehr und damit die innere Stimme lauter, die fragte: »Möchte ich immer nur in den vier Pausenwochen nach Saisonabschluss, also im April, oder maximal noch an Ruhetagen zum Bergsteigen gehen oder deutlich öfter?«

Nach der Reise versuchte ich, das neu gewonnene Freiheitsgefühl, das sich in mir breitmachte, einzuordnen. Ich hinterfragte erneut, ob ich mich im Biathlon noch wohlfühlte und wie sehr ich für den Leistungssport noch brannte. Kurz überlegte ich, mir ein ganzes Jahr Auszeit zu gönnen. Aber mir wurde schnell klar, dass ich danach vermutlich nicht mehr zum Biathlon und in die damit verbundenen Strukturen zurückfinden würde.

Gleichzeitig nahmen nach den Olympischen Spielen die öffentliche Aufmerksamkeit und der Rummel um meine Person exponentiell zu. Ich wurde auf einmal überall erkannt und angesprochen. Damit musste ich erst einmal lernen umzugehen. Ich fand kaum mehr Ruhe und war auch zu Hause viel zu abgelenkt. Ich wollte aber unbedingt in meinem Entscheidungsprozess weiterkommen: Brannte in mir noch so viel Feuer für den Biathlon, dass ich weitermachen wollte? Oder war der Schrei nach etwas anderem und mehr Freiheit größer?

* * *

Daher entschloss ich mich im Frühsommer 2018 für eine vierwöchige Auszeit, um Abstand zu bekommen und mir für meine Entscheidung bewusst Zeit zu nehmen. Dafür wollte ich auf eine möglichst abgelegene (Alm-) Hütte in den Bergen. Der Gedanke an einen Almaufenthalt war dabei nicht neu. Bereits auf dem Rückflug von den Olympischen Spielen nach Frankfurt hatte ich nach »Almsommer« und »Arbeiten auf einer Alm« gegoogelt. Das fand ich einfach spannend und nach dem ganzen Trubel sehr verlockend.

Ich genoss diese Zeit dann auch sehr. Ich bekam die Möglichkeit, alleine auf einer privaten Jagdhütte in den östlichen Bayerischen Voralpen zu wohnen, auf der ich meine Ruhe hatte und eins sein konnte mit der Natur. Die Hütte liegt auf zirka 1500 Metern mit einer schönen Aussicht auf die umliegenden Berge. Sie ist umgeben von vielen Wiesen, Latschen und nur ein paar wenigen Felsen mit vielen kleinen Steiglein. Abends war es immer total still. Nur ab und zu fegten heftige Gewitter über das Almgebiet hinweg.

Ich hatte keine konkrete Aufgabe. In der Nähe befindet sich aber eine bestoßene Alm, deren Almleute ich immer wieder bei den Vorbereitungen für den Sommer unterstützen konnte: Wir reparierten die Zäune, bauten eine Terrasse, ich half beim Holzmachen. Außerdem bin ich viel Mountainbike gefahren und habe zu Fuß alte Steige erkundet. Mein Handy hatte ich überwiegend ausgeschaltet und ließ es oft den ganzen Tag über in irgendeiner Ecke liegen. Es war ein sehr befreiendes Gefühl, nicht permanent abhängig davon zu sein und gerade den sozialen Medien für eine gewisse Zeit den Rücken zu kehren. Instagram und Co. bieten viele Chancen, sind Teil meiner Arbeit, aber die immerwährende Möglichkeit beziehungsweise die Erwartungshaltung von außen, aktiv zu werden, setzen mich auch massiv unter Druck.

Irgendwann begann ich, regelmäßig Radio zu hören. Zu Hause mache ich das so gut wie gar nicht, aber in dieser Zeit stellte das Radio – neben den wenigen Menschen, denen ich begegnete – mein Fenster zur Außenwelt dar. Ich brauchte keine Uhr, ich stand auf, wenn es hell wurde, und ging ins Bett, wenn es dunkel wurde – für eine gewisse Zeit zurück zu den Wurzeln: Das war sensationell!

* * *

In der Zwischenzeit veränderte sich das Biathlontrainerteam und ich wurde total neugierig, was sich dadurch beim Trainingsablauf optimieren würde. Ich fühlte mich wieder motiviert, noch einmal »Ja« zu sagen. Auch weil mir während der Auszeit vor allem eine Sache klar geworden war: Ich treibe einfach gerne intensiven Sport. Ich muss mich dafür nicht plagen, ich brauche nicht mal einen Trainingsplan. Ich trainierte in den vier Wochen Auszeit wahrscheinlich mehr als die anderen daheim – einfach nur, weil ich Lust darauf hatte und es mir Freude bereitete. Deshalb wollte ich die nächste Biathlonsaison trotz aller inneren Zweifel und Fragen noch einmal angehen und von Jahr zu Jahr weiterschauen. Zu diesem Zeitpunkt hätte ich es falsch gefunden, es nicht wenigstens noch einmal zu probieren.

* * *

Dann hatte ich im späteren Sommer 2018 einen Fahrradunfall. Ich rutschte bei Regen auf einer nassen Holzbrücke aus und zog mir eine scheußliche Wunde am Oberschenkel zu. Sie war relativ tief, es war viel Schmutz eingedrungen und man konnte sie nicht richtig säubern. Die Folge war, dass sich die Wunde entzündete, schwarz wurde und ich operiert werden musste. Doch es war schon zu spät. Es hatte sich eine bakterielle Superinfektion entwickelt, die sich mit unterschiedlichen Symptomen äußerte. Dennoch schaffte ich es nicht, die nötige Zeit komplett auszusitzen und Ruhe zu geben. Es folgte ein Auf und Ab, bis ich richtig heftige Hautausschläge bekam. Ich konnte keine Schuhe mehr anziehen und meine Hände waren total wund. Da bin ich auf Anraten meiner Ärzte zu einem Spezialisten nach München gefahren, der mich sofort in eine dermatologische Klinik überwies.

Erst in diesem Krankenhaus realisierte ich, wie schlimm es wirklich war. Ich konnte nicht schlafen, mich juckte es überall. Ich konnte nicht mehr gehen und nichts mehr anfassen. Noch im September – der Monat, in dem Biathletinnen und Biathleten allmählich so richtig fit werden – schaffte ich es im Englischen Garten nicht von einer Parkbank zur nächsten. Das war so schrecklich! Ich wusste nicht, ob ich jemals wieder ganz gesund werden würde. Ich hatte keinerlei Vertrauen mehr in mich, in meinen Körper, in meine Leistung. Einerseits wollte ich so gerne wieder fit sein und Rennen laufen können. Andererseits fragte ich mich aber auch: »Warum bin ich jetzt so krank? Was soll ich daraus lernen? Vielleicht ist das ein Zeichen, dass es genug ist? Und wenn ich das jetzt ignoriere, komme ich dann vielleicht wieder in so eine Situation?«

Der Krankenhausaufenthalt in München war wie ein Spiegel, der mir sagte: »Wenn du jetzt so weitermachst wie zuvor, mit der ganzen Maschinerie und dem Drumherum, dann wirst du irgendwann auf dem Zahnfleisch gehen.« Mein Ziel war aber schon immer, mit dem Biathlon dann aufzuhören, wenn es mir gut gehen und ich mich in einer stabilen physischen Verfassung befinden würde. Ich bin in den Bergen aufgewachsen, Bergsteigen, Klettern und Skibergsteigen bzw. Skifahren gehörten schon immer zu meinem Leben dazu. Die Vorstellung, dass ich nicht mehr in der Lage sein könnte, intensiveren Bergsport zu betreiben, war für mich unerträglich.

Ich war hin- und hergerissen: Zum einen hätte es sich nicht richtig angefühlt, in diesem desolaten Zustand von einem Tag auf den anderen mit dem Biathlon aufzuhören. Aber ich hatte auch Angst davor, mich nach einer erfolgreichen Rückkehr vielleicht nicht an diese Schwächephase zu erinnern und immer weiterzumachen.

Ich traf schließlich noch im Münchner Krankenhaus erneut eine Entscheidung: Wenn ich wieder richtig gesund und fit werden und es noch einmal schaffen würde, im darauffolgenden Winter bei der Weltmeisterschaft in Östersund teilzunehmen und eine Einzelmedaille zu gewinnen, dann würde ich das als Zeichen nehmen und im Anschluss meine Biathlonkarriere beenden ...

* * *

Ich weiß nicht, was ich gemacht hätte, wenn es nicht geklappt hätte. Aber ich arbeitete mit aller Kraft darauf hin und es sollte so kommen. Zwar zog sich meine Genesung hin, aber ich kam immer mehr hinter die Ursachen – eine Verkettung vieler ungünstiger Umstände –, die zu meiner Krankheit geführt hatten. Und allmählich ging es mir besser und ich wurde wieder fit. Zwar konnte ich bis Weihnachten lediglich zwei Rennen laufen. Aber beim ersten wurde ich mit ein bisschen Glück auf Anhieb Zweite und konnte mich für die Weltmeisterschaften qualifizieren. Ich war bei allen Rennen mit vollem Eifer dabei, aber innerlich verabschiedete ich mich schon still und heimlich und dachte bei jedem Wettkampf: »Jetzt bin ich wahrscheinlich zum letzten Mal hier an diesem Ort.«

Doch wirklich sicher war es erst später: Mit meiner Entscheidung im Bauch bat ich meinen Papa, zur Weltmeisterschaft nach Östersund zu kommen. Ich freute mich, dass er dabei war, und wir genossen das sehr. Nachdem ich die zweite Medaille gewonnen hatte, gingen wir anschließend einen Kaffee trinken und ich verkündete ihm freiheraus: »Du, ich hör auf.« Er war natürlich sichtlich überrascht: »Was? Meinst wirklich?« Doch ich war mir sicher. Mein Papa weiß, dass ich keine leichtfertigen Entscheidungen treffe, und meinte daher nur mit viel Wertschätzung in der Stimme: »Gut, du wirst es schon wissen.« Wir saßen noch lange zusammen und es war schön, dass er da war und es endgültig entschieden und aus mir raus war.

Nach dem letzten Rennen in Östersund informierte ich auch das Trainerteam und rief meine Mutter an: »Ich weiß, du reist nicht so gerne für meine Rennen in der Welt herum, aber wenn du mich ein letztes Mal live laufen sehen willst, dann musst du zum Weltcupfinale nach Oslo kommen.« Und zu meiner Freude kam sie dann auch.

Ich stellte auch sie vor vollendete Tatsachen. Ich holte mir keinen Rat. Es war meine Entscheidung, die ich mit mir selbst ausmachte. Und ich wollte keinen großen Abschied. Ich wollte meine Karriere im Stillen beenden, so wie ich auch alleine diese Entscheidung getroffen hatte. Ich wollte diese letzten Rennen der Weltmeisterschaften für mich laufen und mich bewusst verabschieden, ohne dass jeder davon wusste. Das war auch der Grund, warum wir der Presse nichts sagten. Ein großes Tamtam kam für mich nicht infrage. Die offizielle Verkündung folgte deshalb erst zu Beginn der neuen Trainingssaison Mitte Mai 2019.

Eine »Verabschiedungszeremonie« musste dann aber doch sein: Also schulterte ich bei der *18. World Team Challenge* in Gelsenkirchen Ende Dezember 2019 zum allerletzten Mal meine Waffe. Ich wachste meine besten Ski und gab noch einmal alles. Alle meine Weggefährten,

Trainer, Freunde, Vereine, meine Familie, meine Partner und Sponsoren, ja sogar unser Landrat waren mit einem Reisebus extra nach Gelsenkirchen angereist, um mir einen gebührenden Abschied zu bescheren. Und auch ich freute mich riesig darüber, mich in diesem Rahmen von meiner Biathlonzeit und der Biathlonfamilie verabschieden zu können. Es war ein fantastisches Fest, ich hätte mir keinen besseren Abschied wünschen können.

* * *

Natürlich gab es viele Menschen, die versuchten, mich umzustimmen: Ich könne den Biathlonsport doch noch lange machen. Ich könne gutes Geld verdienen. Die Trainer gaben sich wirklich Mühe, boten mir individuelle Lösungen in Bezug auf das Training an. Sie wollten mich unbedingt halten. Ich hätte viel Unterstützung erfahren. Und dafür bin ich sehr dankbar – ebenso dafür, dass ich schon vorher weitestgehend meinen eigenen Weg gehen durfte.

Bei meinem letzten Weltcup-Wochenende im März 2019 in Oslo wollte mich der damals neue sportliche Leiter für Biathlon, Bernd Eisenbichler, sprechen. Ich sagte: »Gerne, Bernd, aber du weißt, ich hör auf. Egal, was wir heute besprechen, meine Entscheidung steht!« Er versuchte auch gar nicht, mich noch einmal umzustimmen, sondern hatte ein anderes Anliegen: »Laura, wir wollen, dass du weißt: Für dich stehen die Türen immer offen, egal, was du vorhast!« Das fand ich eine unglaublich nette Geste.

Früher oder später akzeptierten alle meine Entscheidung. Und noch mehr: Sie brachten mir eine große Wertschätzung entgegen, die es mir möglich machte – und immer noch macht –, meine Erfahrungen auch weiter in den Biathlonsport einzubringen, auch wenn ich nicht mehr als Athletin Teil des Teams bin.

Das war (und ist) unglaublich schön zu wissen. Denn nichts konnte meine Entscheidung damals noch umstoßen, dafür hatte ich mir in den vorangegangenen Monaten schon zu viele Gedanken gemacht. Es hätte sich nicht richtig angefühlt weiterzumachen. Als Leistungssportlerin muss ich mich hundertprozentig auf meinen Körper verlassen können, sonst ist es sinnlos. Mein Körper aber hatte mir ein eindeutiges Zeichen gegeben.

Außerdem hatte ich zwei Leidenschaften, die jeweils für sich viel Zeit beanspruchten. Ich musste mich für eine entscheiden, da beide gleichzeitig keinen Platz hatten. Das aber hätte ich mir wohl nicht zugestanden, wäre der Unfall nicht passiert. Und so hatte dieser auch eine gute Seite: Ich bin ein Erfahrungsmensch und muss die Dinge erleben und spüren, um sie zu verstehen. Es war die richtige Entscheidung und ich würde sie heute genau so wieder treffen.

* * *

Das schönste Gefühl nach der Beendigung meiner Biathlonkarriere war dann, die maximale Freiheit zu spüren – und tatsächlich zu haben: Ich musste mich bei niemandem mehr an- oder abmelden, keine Rechenschaft mehr über mein Tun ablegen, mich an keinen Trainingsplan mehr halten. Und das Beste: Endlich konnte ich mich vom Doping-Kontroll-System abmelden! Ich musste keine Angst mehr haben, um sechs Uhr morgens aus dem Bett geklingelt zu werden, um unter Aufsicht Fremder Blut und Urin abzugeben – ich zucke heute noch zusammen, wenn bei mir zu Hause die Klingel geht.

Ich musste nicht mehr täglich angeben, wo ich mich zu welcher Stunde befand und wie ich tagsüber erreichbar war. Spontan und unangekündigt hatten mich die Kontrolleurinnen und Kontrolleure überall gesucht: zu Hause, im Kino, auf Outdoorfestivals, im Training, in der Kneipe. Sie setzten alles daran, mich aufzuspüren, riefen alle meine angegebenen Kontakte durch, bis sie mich fanden. Ja, ich war damals die beste Biathletin in Deutschland, und wegen vergangener Doping-Skandale wird man als Profiathletin zu diesen Kontrollen verpflichtet. Das verstehe ich einerseits. Aber andererseits hatte ich keine Privatsphäre mehr und kam mir stellenweise wie eine Schwerverbrecherin vor. Ich war permanent in der Situation, meine Unschuld beweisen zu müssen. Das ist kein schönes Gefühl.

Doch nun war ich frei, topfit und die (Berg-)Welt stand mir offen. Wie jedes Jahr im Frühling brachen wir zu unserem schon traditionellen Skitourenurlaub auf: dieses Mal in den Iran. Wir reisten kreuz und quer durchs Land und trafen sehr viele nette und offene Menschen. Doch was mich am meisten berührte: Das Thema Freiheit hat hier noch mal eine ganz andere Bedeutung. Für die bergsteigerisch orientierten Frauen ist es das größte Freiheitsgefühl, beim Klettern ihren Schleier ablegen zu können – was auch nicht erlaubt ist, sie tun es aber trotzdem. Ich begegnete auch Nasim Eshqi, Irans einziger Profikletterin, und wohnte zwischendurch bei ihr. Sie hat uns viel über ihren Kampf für die Freiheit der Frau im Iran erzählt. All diese Erlebnisse und Eindrücke bekräftigten mich noch einmal mehr in meiner Entscheidung, nun zu machen, was **ich** wollte und konnte.

Anschließend hatten wir geplant, zum Klettern nach Pakistan zu reisen, wir bekamen aber kein Visum, was sich erst in der Woche vor Abflug abzeichnete. Stattdessen machte ich ganz spontan beim *Zugspitz-Ultratrail* mit und später im Herbst noch beim *Karwendelmarsch* und rutschte so durch Zufall in die Berglauf-Szene. Ich gewann beide Wettkämpfe und qualifizierte mich damit unwissend für die Berglauf-Weltmeisterschaft 2019 in Südamerika. Davon erfuhr ich erst durch einen Anruf von Kurt König, Berglauf-Koordinator des Deutschen Leichtathletikverbands: »Hast Lust mitzumachen?« Ich war sehr überrascht. Ich fühlte mich gar nicht wie eine Top-Läuferin, mir gefielen aber die Herausforderung und der Gedanke, in einer Saison in zwei komplett verschiedenen Disziplinen an einer Weltmeisterschaft teilzunehmen. »Ja, warum eigentlich nicht!?«

Es war dann sehr beeindruckend, diesen Lauf mitzuerleben. Da ging wirklich die Post ab! Es nahmen fast ausschließlich professionelle Läuferinnen und Läufer teil, die ihr Leben lang nichts anderes gemacht hatten und richtig gut laufen konnten! Ich hingegen konnte zwar schnell den Berg rauf- und runterlaufen, war aber keine Profiläuferin. Dafür erging es mir gar nicht mal so schlecht, ich kam immerhin unter die Top 30. Damit war ich sehr zufrieden.

Allerdings – auch wenn die Medien das gerne anders darstellten – hätte ich mich nie als aktive Trailrunnerin bezeichnet. Ich komme aus den Bergen und ich gehe schon immer gerne zum Joggen – und das eben nicht nur in der Ebene. Ich laufe mal mit Rucksack, mal mit Stöcken. Für mich ist das aber etwas ganz Alltägliches, sozusagen ein Nebenprodukt des Bergsteigens mit tollem Trainingseffekt und einigen anderen Vorteilen: Ich brauche keinen Tourenpartner wie beim Klettern, ich kann laufen, wann und wo ich will, und auch bei schlechtem Wetter. Ich erkunde gerne laufend die Welt – genauso wie auch mit dem Fahrrad. Und bei so einem Lauf kann man lange Distanzen überwinden und dabei noch etwas von der Landschaft sehen. Außerdem gefällt es mir, dass Laufen eine so ehrliche und pure Sportart ist. Ich kann nicht laufen, wenn ich einen schlechten Tag habe oder irgendwelche Schmerzen. Dafür kann es aber jeder gesunde Mensch auf der Welt machen, er braucht nichts anders dazu als Schuhe und die Lust an der Bewegung. Deshalb werde ich diesem Sport immer verbunden sein.

Eine Profitrailrunnerin werde ich aber nicht. Das habe ich auch nie angestrebt – weder vor noch nach den erfolgreichen Berglauf-Teilnahmen. Denn dann hätte ich wieder in ein strukturiertes, intensives Training einsteigen müssen und das will ich nicht mehr. Ich bin nicht mehr bereit, mein ganzes Leben auf eine Sache auszurichten. Deshalb werde ich auch keine Profikletterin und werde auch nicht als Athletin wieder in den Profibiathlon einsteigen.

Ich nehme an Berglauf-Wettkämpfen oder auch mal an Skitourenrennen aus reinem Spaß an der Bewegung und der körperlichen Herausforderung teil. Und irgendwann möchte ich bei einem 100-Kilometer-Lauf mitmachen, das finde ich ein reizvolles Ziel. Das muss gar kein prominenter Lauf sein. Ich möchte das einfach mal miterleben, weil ich mir nicht vorstellen kann, dass ein Mensch 100 Kilometer am Stück laufen kann.

Das ist das Schöne in meinem momentanen Leben: Ich kann mich herausfordern, aber ich muss es nicht mehr. Und wenn ich etwas mache, dann mache ich das zu 100 Prozent mit mir aus und nicht mehr mit einem Publikum, mit Trainern oder anderen Personen. Und das höchste Gut dabei war, ist und bleibt mein Körper, über den ich selbst bestimmen möchte. Oder mit anderen Worten, geliehen von der bayerischen Kabarettistin Martina Schwarzmann: »Mir glangt, dass i woaß, dass i kannt, wenn i woin dad« (»Mir reicht es aus, dass ich weiß, dass ich könnte, wenn ich wollen würde«).

Kapitel 2
Ich bin ein Kind der Berge

Ich bin zusammen mit meinem Bruder Pirmin bei meinen Eltern in Garmisch-Partenkirchen am Fuß des höchsten Bergs Deutschlands, der Zugspitze, aufgewachsen. Almwiesen, steile graue Felswände und hohe Berggipfel gehören zu meiner gewohnten Umgebung. Hier fühle ich mich zu Hause. Dass eine Berglandschaft nicht überall präsent und nicht das Normalste der Welt ist, wurde mir nur immer dann so richtig bewusst, wenn wir einen Ausflug in Richtung München machten – was für mich als Kind schon unglaublich weit weg war.

Meine Kindheit war sehr von dieser Landschaft geprägt: Fast alles, was wir unternahmen, hatte mit Bergen zu tun. Auch meine Eltern sind hier beziehungsweise in der Nachbargemeinde aufgewachsen und schon immer sehr (berg)sportlich unterwegs gewesen.

An die Jahre von meiner Geburt bis zur frühen Jugend erinnere ich mich natürlicherweise lediglich in groben Umrissen, die wiederum größtenteils von Erzählungen meiner Familie geprägt sind. Um diese vagen Erinnerungen zu festigen und ein vollständigeres Bild von meiner Kindheit zu bekommen, habe ich mich im Spätsommer 2022 mit meinen Eltern Susi und Andi Dahlmeier bei mir zu Hause getroffen. Ich wollte sie konkret fragen, wie das eigentlich so war, damals (mit mir) als Kind und Jugendliche.

Es wurde ein sehr schöner, lustiger und für alle Beteiligten sehr aufschlussreicher und vor allem besonderer Nachmittag: Wie oft setzt man sich schon gemeinsam hin und nimmt sich bewusst nur Zeit für ein intensives Gespräch über alte Zeiten? Spannend war vor allem, die jeweilige (heutige) Sicht auf die Geschehnisse der Vergangenheit zu erfahren und darüber zu diskutieren.

Dieses Gespräch zwischen meinen Eltern und mir nachzuerzählen erscheint mir schwierig: Wir haben meine Kindheit, die Situationen und Ereignisse zusammen erlebt und durchlebten sie nun erinnernd noch einmal. Ich möchte deshalb diese Unterhaltung nicht in eigenen Worten wiedergeben, sondern auch meine Mama und meinen Papa selbst zu Wort kommen lassen:

* * *

Ich: Wie war das damals mit mir als kleinem Baby, wie habt ihr das gemacht? Ihr wart doch beide noch recht jung und sehr aktiv, oder?

Mama: Als ich noch Mountainbike-Weltcups fuhr, war ich mit einem Frankfurter bekannt, dessen Frau einen *Babyjogger* (Kinderwagen) aus Amerika hatte. So etwas gab es bei uns zu dieser Zeit noch nicht. Ich meinte schon damals: »Wenn ich irgendwann mal ein Kind habe, dann muss dieser Jogger her!« Und als du dann auf der Welt warst, bestellten wir tatsächlich sofort einen: damit ich mit dir joggen und überall auf den Berg laufen konnte, damit du immer mit draußen und dabei warst. Das war schon schön! Ich versuchte es so zu legen, dass ich erst lief, und als Abschluss, wenn du wach warst, hielten wir an einem Spielplatz, sodass auch du zu deinem Spaß kamst.

Einmal wollte ich mit dir durch die Partnachklamm zur Reintalangerhütte, um dann dort gegen Mittag deinen Papa mit dem Rad zu treffen. Am Klammeingang hieß es aber: »Mit Kinderwägen darf man nicht durch.« Toll. Na gut, dann montierte ich die Räder eben ab, faltete das Wagerl zusammen, klemmte es mir unter den einen und dich unter den anderen Arm und marschierte los. Hinter der nächsten Kurve schraubte ich alles wieder zusammen und joggte zur Hütte. Schon als du noch ein Kleinkind warst, unternahmen wir immer etwas ungewöhnliche Touren. Auf Skitouren zogen wir dich mit dem Schlitten hinterher. Es war alles sehr improvisiert. Getragen haben wir dich kaum, denn in eine Kraxe wolltest du überhaupt nicht.

Papa: Wir waren bis auf der Pleisenspitze oben mit dem Wagerl, wir waren überall! Es hatte vorn nur ein Rad, damit kamen wir auch über wilde Wurzelwege. Wir waren sehr jung, als wir geheiratet haben und dich bekamen. Wir kamen beide aus dem Leistungssport, waren sehr sportbegeistert und wollten weiterhin aktiv sein.

Mama: Später nahm ich dich auf dem Rad mit. Ich fuhr zum Beispiel regelmäßig mit dir auf den Hausberg hinauf. Ich wollte dich aber nie hinten im Sitz haben, sondern vorne drin, sodass ich mich mit dir unterhalten und dir etwas zeigen konnte. Wir hatten große Bilderbücher dabei: Die waren gut dafür, die Rückenlehne zu erhöhen, damit du es bequemer hattest, und du hattest eine Beschäftigung. Während der Auffahrt hast du dann Kekse geknabbert und die Bücher angeschaut. Das Ziel war immer der Spielplatz oben am Hausberg.

Ich: Spielplatz!? Eine Rutsche und eine Schaukel – das war alles!

Mama: Ja, aber mit Bücher schauen und Kekserl essen war das ganz nett. Als dann fünf Jahre später dein Bruder Pirmin auf die Welt kam und eine Nachbarin sich anbot, dich zwischendurch zu nehmen, wollte sie einmal mit dir zum Spielplatz »Loisachbad«. Da hast du ganz verdutzt gefragt: »Fahren wir denn gar nicht auf den Hausberg?« Die Nachbarin verstand das freilich nicht, sie wusste ja nichts von unseren Ausflügen zum Spielplatz auf dem Hausberg. Aber das war einfach unser Familien-Kinderprogramm – ein bisschen sportlich verpackt. Ich hoffe, du bist nicht zu kurz gekommen?

Ich: Nein, sicher nicht. Das sind meine Wurzeln. Ich kenne es nicht anders. Die Berge sind für mich meine normale Umgebung. In der Ebene würde mir etwas fehlen. Außerdem hatte ich genügend Möglichkeiten, mich auszutoben.

Papa: Ich versuchte, alles spielerisch mit dir anzugehen. Ich baute kleine Schanzerl und stellte dich ganz klein schon auf Skier. Wir probierten einfach herum, damit du ein bisschen rutschen und fahren konntest – wir hatten Spaß und du auch. Aber du hattest von Anfang an höhere Ziele: Einmal sind wir auf die Kandahar (Skiweltcup-Abfahrtsstrecke in Garmisch-Partenkirchen) und ich hatte dich zwischen den Beinen dabei. Weil du aber noch so klein warst, brannten mir bald so die Oberschenkel, dass ich Pause machen musste. Ich hielt also an und du fingst kurz darauf an, wie verrückt zu schreien. Du weintest Rotz und Wasser! Leute kamen auf mich zu und schimpften, dass sei ja unverantwortlich, dass ich dich da mitnähme. Du würdest das doch gar nicht wollen. Und ich nur: »Lasst mir meine Ruhe, die heult nur, weil sie weiterfahren will!« Kaum ging es weiter, warst du auch wieder bester Laune!

Mama: Ja, es hat dir wirklich gefallen! Ich weiß noch genau, wo die Stelle war, an der du so gebrüllt hast. Ein Weihnachten später, du warst zweidreiviertel Jahre alt, wurde ich als Skilehrerin am Eibseelift eingespannt. Der von der Skischule meinte: »Kannst ja deine eigene Tochter auch gleich mitnehmen.« Du hattest damals diese Milkaschuhe und -ski. Für deine Minifüßchen war das super: Das waren so Gummiskischuhe mit einem Klettverschluss, die wirklich weich waren. Damit konnte ich es für mich verantworten, ein so kleines Kind schon auf die Ski zu stellen. Mit dir waren es in dem Kurs noch vier Buben. Als sie zum Pieseln mussten, fuhren sie in den Wald rein.

Und du sofort hinterher. Da war aber kein Schnee mehr und dann bist du mit diesen Skiern an Wurzeln hängen geblieben, es katapultierte dich raus, die Ski und Schuhe blieben stehen und du bist mit den Wollsocken unterm Baum gelegen. Das waren so deine Skianfänge. Mit fünf Jahren bist du dann in den Skiclub eingetreten.

In den Sommermonaten machten wir mit euch schon früh Weitwanderwege mit Klettersteigen, oft in den Dolomiten. Pirmin hatte ich in der Kraxe, er mochte das im Gegensatz zu dir total gerne. Das machten wir so drei bis vier Jahre hintereinander. Einmal kündigte sich ein heftiges Gewitter an und wir schafften es gerade so auf die Fonda-Savio-Hütte. Wir blieben dann erst mal dort, unser ursprünglicher Plan war aber gewesen, bis zur Auronzohütte weiterzugehen. Nachmittags wurde das Wetter wieder schön und da meintest du sofort: »Es ist Nachmittag um vier Uhr, was machen wir denn jetzt noch? Wir könnten doch noch weitergehen!« Und der Pirmin: »Nein, ich will hierbleiben!« Und du: »Und wenn du als Belohnung eine Juniortüte vom McDonald bekommst?«

Ich: Da kann ich mich noch gut daran erinnern. Denn wenn das Ziel war, dass wir an dem Tag zu einer bestimmten Hütte gehen, dann wollte ich auch zu dieser Hütte und nicht den ganzen Nachmittag rumsitzen und Karten spielen. Und dann versuchte ich es beim Pirmin halt mit Lockmitteln …

Papa: Du hattest immer viel Freude am Gebirge. Als du ein wenig älter warst, nahm ich dich oft mit zum Klettern. Allerdings war unser Gewichtsunterschied für ein ungefährliches Sichern einige Jahre lang zu groß. Deshalb taten wir uns mit anderen zu Dreierseilschaften zusammen. Du bist immer gerne mitgegangen, auch weil es immer griabig war, vor allem im Oberreintal oben, wo oft Musik gespielt wurde. Ich war dort mit älteren Kletterern unterwegs, die dir sehr viel beibrachten. Von deren Klettertechnik und Einstellung hast du bis heute noch vieles beibehalten. Und sie versprühten einiges an Sicherheit. Ich glaube, da hast du auch viel mitgenommen.

Kinder können zwar Gefahren noch nicht so einschätzen, aber die Erlebnisse am Berg und die Luft unter den Füßen, das prägt auch kleine Kinder ungemein. Ich versuchte immer, dir ein Gefühl für die Gefahren zu vermitteln und dir eine gewisse Sicherheit mitzugeben. Auch mit der Voraussicht, dass du immer schon eine Wilde warst. Heute imponierst du mir, weil ich wenige kenne, die beim Klettern so auf Sicherheit bedacht sind wie du. Vielleicht kommt das aus jener Zeit.

Ich: Mir ist das vor allem beim Skitourengehen sehr bewusst geworden. Denn die Leute, mit denen ich anfangs dann ohne euch auf Tour ging, hatten damit wenig bis gar keine Erfahrung. Und ihr wart sehr viel unterwegs und habt mir von Anfang an eine vernünftige Spuranlage beigebracht. Unterwegs mit meinen Tourenpartnern habe deshalb meistens ich gespurt und ich traf auch die Entscheidungen, wo wir wann abfuhren und was wir lieber bleiben ließen.

Es hat schon auch mal Tage gegeben, da hatte ich keine Lust, schon wieder mit euch in die Berge zu gehen. Und schon gar nicht auf eintönigen Forststraßen. Aber wenn die Wege spannend waren und wir kraxeln konnten, machte mir das sehr großen Spaß. Klettern war für mich die nächste Steigerung. Und das Oberreintal war eh immer cool: der Ort der unbegrenzten Freiheiten! Mit den anderen am Stammtisch sitzen, Knoten lernen und die Felsen drumherum – das habe ich als sehr aufregend im Kopf.

Papa: Mei, wir wollten sporteln und etwas gemeinsam mit euch Kindern unternehmen, aber so, dass es für alle interessant war. Deshalb haben wir auch immer eine Hütte oder einen spannenden Gipfel eingebaut. Ich glaube, das ist uns auch ganz gut gelungen. Wir haben keine Wanderungen unternommen, bei denen wir uns acht Stunden durch den Busch kämpften. Aber sicher waren auch mal Touren dabei, bei denen wir euch überforderten. Dich haben wir vor allem beim Radlfahren überfordert. Ein Bekannter von Mama hatte uns ein super Rad besorgt, das war für damalige Verhältnisse sensationell, unheimlich leicht! Und damit bist du mit sieben Jahren Sachen gefahren, die für Kinder normal nicht möglich waren. Du hattest einfach Kraft und am Anfang auch noch großen Spaß ...

Ich: ... bis es mich aufgestellt hat ...

Mama: ... und dann war es schlagartig vorbei.

Papa: Aber auch, weil ihr ab einem gewissen Alter einfach grundsätzlich nicht mehr so Lust hattet. Wir waren noch recht ambitioniert unterwegs und das war euch dann zu stressig, immer mit den Eltern rumzufahren. Vor allem dem Pirmin. Und bei dir war es auch so, dass du bei fünf- bis sechsmal Training die Woche nicht auch am Sonntag noch mit uns in die Berge rennen mochtest, sondern dich aufs Sofa legen und Fernsehen schauen wolltest.

Ich: Bin ich wirklich zu Hause gesessen und hab Fernsehen geschaut? Ich hatte sicher nicht immer Lust mitzukommen, aber …

Mama: Da kann ich mich jetzt auch nicht daran erinnern. Vom Pirmin hingegen habe ich diese Phase sehr präsent. Der hat irgendwann total boykottiert. Dich konnten wir erst schon noch immer mal wieder locken, aber dann merkte ich auch bei dir, dass das mit dem Radfahren wohl erst mal vorbei war.

Ich: Irgendwann hat es mich auch genervt, dass wir immer alleine unterwegs waren und nur selten Freunde dabeihatten.

Mama: Wenn wir mal welche mitnahmen, dann brauchten wir fast die Bergwacht. Es war für uns nicht so einfach, eine passende Familie zu finden.

Ich: Wir haben halt jeden aufgearbeitet. Es gab niemanden, der das dauerhaft mit uns mitmachen wollte. Und als Kind hast du irgendwann keine Lust mehr, immer nur mit Mama und Papa und dem fünf Jahre jüngeren Bruder unterwegs zu sein. Es war ja nett, aber …

Papa: Mit »normalen« Kindern wolltest du aber auch nichts unternehmen. Einmal warst du auf eine Feenparty eingeladen und dann bist du als Cowboy gegangen!

Ich: Feenparty – was sollte ich denn da auch?

Mama: Du hattest im Kindergarten nur Buben als Freunde. Dabei gab es dort zwei so süße Mädchen, die hatten immer so ordentliche Kleider an, und da habe ich dich gefragt: »Willst du nicht mal mit denen spielen?« Und du: »Nein! Die galoppieren immer als Pferdchen durch den Garten, das ist mir zu blöd!«

Ich: Ich fuhr lieber Bobbycar. Diese Galopper ... bitte nein!

Mama: Ich hätte dich gern mal mit ein paar netten Mädels gesehen. Und ich wollte auch immer einen Puppenwagen für dich haben und ...

Ich: ... du wolltest auch, dass ich ins Ballett gehe ...

Mama: ... und da sagte ich zur Uroma: »Kauf doch der Laura mal einen Puppenwagen!« – zugegeben, eigentlich war das mein Kindheitstraum. Du bist dann mit dem Puppenwagen ein einziges Mal die Straße rauf und runter und meintest danach: »Mama, mir ist das ganz peinlich, nicht, dass mich da wer sieht.« Und dann hast du ihn gegen ein Skateboard eingetauscht.

Papa: Du warst immer ein bewegtes Kind, konntest nie ruhig sitzen, auch beim Lernen nicht, du warst ständig in Bewegung. Aber auch immer schon wilder und eher aufwärts: hoch auf Bäume kraxeln, Baumhäuser bauen und solche Sachen.

Ich: Es war nicht ganz einfach und dauerte lange, bis ich die richtigen Leute mit gleichen Interessen fand, die ähnlich tickten und mit denen ich etwas anfangen konnte. Erst mit 16 Jahren lernte ich die Kletterer kennen.

Davor war es für mich eher schwierig. Aber Mama, du wolltest doch noch von dem Zelten erzählen!

Mama: Stimmt! Ich kannte Zelten von meiner Familie nicht. Aber irgendwann kam dem Andi die Idee und wir gingen zum ersten Mal zum Zelten an den Kämikopf. In der Nacht gab es dann ein heftiges Gewitter und ich hatte so eine Angst! Ich stand im Zelt und befürchtete, dass uns gleich der Blitz erschlagen würde. Und du, Laura, hast seelenruhig geschlafen. Am Morgen stolperten dann auch noch Kühe über die Schnüre des Zelts und schleckten alles ab ... Mir war das Ganze ein wenig suspekt, aber für dich war alles ganz wunderbar: Hauptsache Action! Und das schon als Kleinkind ...

Papa: Das war ja immer so bei Laura. Wisst ihr noch, als wir diesen Klettersteig im Karwendel gegangen sind und ein Gewitter im Anflug war? Du hattest eine riesige Angst, Susi, und ...

Mama: Ja! Der Himmel wurde schon richtig gelb und wir überlegten fieberhaft, wo wir jetzt mit den Kindern hingehen sollten. Wir mussten ja weg von den Stahlseilen. Und was macht Laura? Stellt sich aufrecht in den Wind und jubelt lauthals los: »Woa, cool!! Eeendlich rührt sich mal was!« – mein Gott, dieses Kind machte mich fertig!

Papa: Oder bei der Durchquerung in Schweden. Wir wollten mit den Langlaufskiern 600 Kilometer weit laufen, teilweise von Hütte zu Hütte, aber manchmal mussten wir auch zelten. Eine Nacht schneite es dann wie verrückt. Der Kocher funktionierte nicht und das Zelt brach vom schweren Schnee zusammen.

Mama: Weil der Kocher nicht funktionierte, konnten wir keinen Schnee für Trinkwasser und Essen schmelzen. Ich schlief die ganze Nacht nicht und quälte mich mit dem Gedanken: »Was machen wir hier eigentlich? Wir haben doch eine Verantwortung für unsere Tochter!« Und für Laura war das alles immer noch cool.

Papa: Es war auch alles nicht so dramatisch. Ich konnte auch schlafen. Aber Mama hatte einfach Sorgen und wollte dann am nächsten Tag sofort zurück.

Ich: Ich glaube, mich nervte es ein bisschen, dass der Kocher nicht funktionierte, aber ansonsten fand ich alles prima: Endlich mal weg und zelten! Das waren ja immer 100 Kilometer von einer Station zur nächsten und die hätten wir halt überwinden müssen. Wir waren am Vortag schon nicht so weit gekommen, weil es so heftig schneite. Aber ab dem Zeitpunkt hätte das Abenteuer richtig begonnen und dann mussten wir nach dieser Nacht umdrehen. Das fand ich nicht so gut und war richtig enttäuscht. Und ich drehe halt auch grundsätzlich nicht so gerne um.

Mama: Ja, du warst immer auf der Suche nach Abenteuer und Action – gerne auch auf Alleingang. Einmal waren wir in Mindelheim bei einem Mountainbike-Wettkampf, da warst du noch klein und hattest dein BMX-Rad mit Stützen dabei. Ein Bekannter verwickelte uns in ein Gespräch und bis wir schauten, warst du verschwunden. Ich wurde etwas hektisch und ging auf die Suche. Und wo fanden wir dich? Im Bierzelt! Du warst schnurstracks mit deinem Rad da reingefahren und über eine Rampe bis auf die Bühne hinauf, wo bereits die Podeste für die Siegerehrung aufgebaut waren. Da standest du nun, hast schon mal ein bisschen Höhenluft geschnuppert und dir ganz interessiert angeschaut, wie das so ist, auf einer Bühne zu stehen.

Überhaupt bist du immer gerne abgehauen. Wir haben Silvester öfters oben am Kreuzeck gefeiert und …

Ich: Ach ja, bin ich da nicht einmal einfach runtergegangen?

Mama: … Ja, da bist du, ohne ein Wort zu sagen, mit dem Bob auf die Kreuzalm runtergefahren – Hütten hatten schon immer eine Anziehungskraft auf dich. So auch mal beim Skiclubtraining an Fasching auf dem Wank. Ihr wart alle maskiert da oben und seid hinten über den Esterberg eine letzte Abfahrt gefahren. Als wir Eltern euch unten am Parkplatz abholen wollten, warst du nicht dabei! Es hat sich dann herausgestellt, dass bei der Abfahrt alle wie geplant zum Lift abgebogen waren, nur du warst wohl in deinem Entenkostüm in Schussfahrt runter zur Esterbergalm gefahren – so wie du es eben von unseren Skiausflügen gewohnt warst – und bist rein in die Hütte gegangen. Du hattest kein Geld dabei, aber hast dir schon mal ein Spezi bestellt und gewartet, dass die Skiclublehrerin mit der Gruppe hinterherkam …

Ich: Und ist dann wer gekommen, um mich zu holen?

Mama: In der Esterbergalm ist dann schon jemandem aufgefallen, dass du da alleine drin warst, und die brachten dich dann mit runter. Das sind so typische Geschichten von dir, so was in der Art hast du öfters gemacht.

Ah, jetzt muss ich das mit der Mass Bier auch noch schnell erzählen. Da war der Papa nicht dabei. Es war Spätsommer und wir wollten zum Daniel-Gipfel in den Ammergauer Alpen, was ja eine relativ lange Tour ist. Pirmin war da noch in der Kraxe, er war drei und du acht Jahre alt. Ich versprach: Wenn wir runtergehen, kehren wir richtig groß ein.« Du darauf: »Ui ja, ich mag a Gulasch!« Gesagt, getan. Ich war ziemlich groggy von der langen Tour mit Kind in der Kraxe und dem Gepäck für mich und euch zwei. Als wir dann unten an der Hütte waren, habe ich ein Radler getrunken – und das war so gut! Als du sagtest: »Ich schau' mal, ob das Fleisch schon fertig ist«, bat ich dich, mir noch ein Radler mitzubringen. Aber zurück kamst du dann nicht mit einem Glas Radler, sondern mit einem ganzen Masskrug voll mit purem Bier, mit dem du durch die ganzen Leute – viele Bekannte von uns – hindurchgewackelt bist! Die fragten dich: »Ja Laura! Was machst du denn da?« Und du ganz selbstverständlich: »Des is für d'Mama.« Und alle schauten uns an und brüllten vor Lachen: »Da schau her, die Dahlmeiers …«

Ich: Ja, das weiß ich noch! Da war eine ewig lange Schlange vor der Theke, ich musste lange anstehen und hatte währenddessen einfach vergessen, was ich für dich bestellen sollte. Und ich konnte ja auch die Mengen noch nicht einordnen. Dann bestellte ich halt einfach eins der Standardgetränke, die mir einfielen, und das wurde mir dann auch ausgehändigt!

Papa: Du warst als Kind rotzfrech. Du hattest deinen eigenen – sturen – Kopf und wusstest immer genau, was du wolltest. Und reinreden hast du dir auch kaum lassen.

Mama: Das war auch so, wenn wir etwas Neues mit dir ausprobierten. Du warst sieben Jahre alt, als der Papa und ich zusammen beim Langlaufen waren und beim Bärnbichl ein Biathlonrennen stattfand. Und das war so süß anzuschauen, vor allem die kleinen Mädchen mit ihren Rennanzügen. Da war ich völlig begeistert! Dann haben wir dir zu Weihnachten Langlaufski gekauft. Andi, kannst dich nicht mehr erinnern?

Ich: Also ich schon, denn ich wollte eigentlich einen Lenkbob! Und das hatte ich auch auf meinen Wunschzettel fürs Christkindl geschrieben. Dann war das Christkindl da und es waren Langlaufski unterm Christbaum gestanden und kein Lenkbob! Ich stellte sie dann wieder raus und meinte: »Das Christkindl hat sich verflogen, weil die hab ich nicht bestellt!«

Mama: Ja, du hast die Skier auf die Terrasse gestellt und trotzig gesagt: »Die will ich nicht!« Wir sind dann aber trotzdem mit dir los.

Ich: Ja genau, und dann musste ich auch noch klassisch laufen, in dieser doofen Spur, und du hast skaten dürfen.

Mama: Ich war sehr gespannt, wie lange du es aushältst, denn du hattest schnell bemerkt, dass die auf der Skatingbahn viel schneller liefen. Und nach einer Stunde hast du schon probiert, wie das so auf der anderen Seite funktioniert ... Dein Langlaufstart war also nicht so euphorisch. Aber wir versuchten auch hier, ein paar nette Sachen einzubauen.

Papa: Heute wird das alles viel spielerischer gemacht. Aber wir kannten das nicht so. Und wenn ich dir Tipps gab, war das im ersten Moment auch immer eher kontraproduktiv. Ich sagte zum Beispiel: »Leg dich doch nicht so vor, du musst aufrechter laufen!«

Mama: Dann hast du es gemacht und lauthals geschimpft: »So kann man nicht laufen!«, hast dich extra hinfallen lassen und bist wie ein Maikäfer auf dem Rücken gelegen. »Schau! Wenn ich des so mach, dann geht das nicht, da schmeißt's mich!«

Papa: Ich sagte nur: »Du kannst mich gernhaben, ich lauf jetzt nach Klais weiter und du wartest hier, bis ich zurück bin, und dann fahren wir wieder heim!« Und kaum bin ich die ersten Meter losgelaufen und hab durch die Bäume zurückgeschaut, was du so treibst, hast du es – zack – sofort ausprobiert und dich schön aufrecht hingestellt. Ich bin dann zu dir zurück, und kaum, dass du mich sahst, hast du dich sofort wieder geduckt und geschimpft: »Des ist nichts mit dem Aufrechtlaufen!« ... Du hast schon gerne mit Fleiß gegen uns gearbeitet. Aber ein bisschen brachte es dann ja doch was.

Du hattest auch immer kleine Erfolge – egal ob beim Fahrrad- oder Langlaufen. Und wenn ein Kind Erfolg hat, dann gefällt ihm eigentlich alles. Als wir zufällig mal wieder bei einem Rennen vorbeikamen, fragte ein Bekannter von uns, der unter anderem Sportleiter beim Biathlon war: »Laura, geh her, magst mal schießen?« Und das hat dir natürlich gefallen.

Ich: Das war ein tolles Gefühl, als Kind mit so einem Gewehr und vor allem mit diesem Feedback: Ich mache etwas richtig und sowohl die anderen wie auch ich können das Ergebnis unmittelbar sehen, weil die Scheibe umfällt!

Papa: Eine Zeit lang fuhren wir dann mit Alpinskifahren und Biathlon zweigleisig. Allerdings bekamst du irgendwann beim Liftfahren Probleme mit den Ohren und bist von den Lehrgängen immer mit Ohrenschmerzen zurückgekommen. Du konntest daraufhin die Gletschertage nicht mehr mitmachen. Gleichzeitig wurde es mit den Biathlonrennen immer interessanter und irgendwann setzten sowohl die Trainer als auch wir dir die Pistole auf die Brust: »Laura, du kannst entweder Biathlon machen oder Skifahren, aber nicht beides.« Die Entscheidung überließen wir aber dir.

Ich: Ich mochte das Skitraining vor allem wegen der Leute sehr gerne. Ich war da ja so hineingewachsen. Und da gab es ein tolles Sommertraining und einen super Trainer, der hat uns sehr gefordert und gefördert. Es gab nur ein paar Radeinheiten, die mir nicht so gut gefielen und die auch echt hart waren.

Mama: Einmal bist du heimgekommen und meintest völlig entsetzt: »Der hat gesagt, ich bin ein Hascherl!« Er hat schon Akzente gesetzt, der heilige Rieder Max!

Ich: Alles Mögliche hätte ich hingenommen, aber »Hascherl«!? Das war echt hart! Aber von diesem Training profitierte ich noch während der Biathlonzeit. Nicht nur von den Inhalten, sondern auch von der Herangehensweise, wie der Max Sport lebt. Und ja, dann musste ich mich entscheiden. Ich schlug vor, mit der Schule aufzuhören, aber das kam bei euch nicht so gut an. Dann hörte ich halt mit dem Alpinski-Training auf und entschied mich mit zwölf Jahren für den Biathlon.

Mama: Ich habe den Leistungssport immer sehr hinterfragt. Ich bin mit Leistungssport aufgewachsen, der mir gar nicht gefiel. Ich wurde sehr getriezt, das hat Spuren bis heute hinterlassen. Und gerade als es bei dir in die Wettkampfrichtung ging, habe ich immer nachgefragt: »Magst du da wirklich mitmachen?« Oder wenn es arg regnete: »Willst du heute wirklich ins Skitraining?« Ich bemühte mich, ja nichts einzufordern. Für mich wäre es auch immer in Ordnung gewesen, wenn du alles hingeschmissen hättest. Das ist vielleicht der Vorteil, wenn man selbst ein bisschen was erreicht hat. Ich kenne viele Eltern, deren Traum es war, etwas zu erreichen, die es selbst aber nicht geschafft haben und dann ihre Kinder ziemlich piesackten. Mir war nie wichtig, dass du diesen Erfolg hast, sondern dass wir alle etwas von der Aktion hatten. Und die Zeiten, wenn ich dich ins Training gefahren habe, die nutzte ich für mich, das war meine Freizeit. Ich sagte mir dabei immer: »Wenn das nichts wird, Laura keinen Spaß mehr hat und aufhören will, dann war das keine verlorene Zeit, es war richtig cool – für mich und für die Kinder.«

Das war für mich das Wichtigste. Nicht so sehr der Erfolg. Ich weiß zum Beispiel gar nicht, wie viele Rennen du gewonnen hast. Damit konfrontierte mich sogar mal mein eigener Vater: »Ja sag mal, bist du nicht stolz auf deine Tochter?« Und ich: »Nein, auf das nicht. Ich finde schön, dass sie ihr Lebensziel erreicht hat, aber viel stolzer als auf die ganzen Siege und Medaillen bin ich auf ihr Verhalten!« Es gab zum Beispiel mal ein Rennen, da buhten dich alle aus, weil du eine andere Läuferin auf der Zielgeraden hast vorbeiziehen lassen. Als du dann über die Ziellinie bist, hast du dir das Mikrofon geschnappt und gesagt: »Ich habe es verbockt und sie ist die würdige Siegerin. Bitte seid jetzt so fair und applaudiert ihr!« Das sind die Dinge, auf die ich stolz bin. Klar freut es einen, wenn das eigene Kind gewinnt, aber rückblickend sind es solche Momente, die bei mir etwas hinterlassen haben.

Papa: Du hast in vielen Bereichen anders gedacht und warst offener als ich. Hast auch zu Laura gesagt: »Geh doch mal abends weg, lass es doch mal krachen, bleib doch mal vom Training zu Hause!« Auf der anderen Seite warst du sehr akkurat und der Auffassung »Wenn ich da jetzt schon hinfahre, dann will ich auch, dass sie es ›gscheid‹ macht«.

Ich hätte als Kind gerne einen Vater gehabt, der mich mehr unterstützt. Ich habe das deshalb so gesehen: »Wenn du das machen willst, dann unterstütze ich dich so viel, wie es geht.« Ich fuhr auch oft mit zu den Rennen, half beim Wachsen – so lange, wie du das wolltest –, hielt mich dabei aber weitestgehend raus. Für mich war das eine sehr schöne Zeit, ich habe das gerne gemacht. Aber es wäre auch nichts passiert, wenn du nicht mehr gewollt hättest. Mir war einfach wichtig, dass ihr sportlich aufwachst.

Ich: Ja, ich hatte sämtliche Möglichkeiten und viele Freiheiten und habe sehr viel Unterstützung erfahren. Aber eure Ansage war schon auch immer: »Wenn wir was machen, dann machen wir es richtig.«

Mama: Ich bin ein sehr kreativer Mensch und mir war es immer wichtig, dass wir den Tag mit allen Möglichkeiten voll ausschöpfen. Damit du auch ein Gefühl dafür bekamst, wie du aus einer Situation – und das gilt auch für Weltcuprenntage – das Maximum herausholen kannst. Und dafür solltest du davor schon einiges ausprobiert haben. Oder wie siehst du das?

Ich: Man sollte Kindern viele und vor allem unterschiedliche Möglichkeiten bieten, sich sportlich zu betätigen, denn der Mensch bildet seine gesamten koordinativen Fähigkeiten zwischen fünf und zwölf Jahren aus. In welchem Rahmen das stattfindet, spielt eigentlich keine Rolle – ob im Verein, im Schulsport oder sonstwo. Nur kann kein Training allein das komplett leisten, weshalb es wichtig ist, dass auch Eltern ihre Kinder diesbezüglich unterstützen und ein Bewusstsein dafür schaffen, wie wichtig Bewegung ist. Bei euch war das automatisch der Fall. Andere Eltern müssen das in einem Buch nachlesen und bewusst vermitteln.

Mir hat diese Vielseitigkeit enorm viel gebracht. Ich war kürzlich Wasserski fahren und einer meiner Bekannten sagte: »Du kannst auch immer alles!« Aber wenn du als Kind so viel gelernt und ausprobiert hast, wie ich das konnte, entwickelst du ein gutes Körpergefühl und Fähigkeiten, die du in den verschiedensten Sportarten anwenden kannst. Kinder müssen nicht schon jede Sportart kennen und auch keinen Leistungssport betreiben, aber eine solide breite sportliche Basis finde ich sehr wichtig.

Ich werde oft auf meine frühe Leistungssportphase angesprochen und fast bemitleidet, dass ich das schon so jung machen **musste**. Aber ich musste gar nichts – mir hat das Spaß gemacht! Und ich würde es genau so wieder tun. Es war eine tolle Zeit. Ich profitiere sehr von meiner Kindheit und meinem frühen Einstieg in den Sport. Genauso wie von der Art und Weise, wie ich aufgewachsen bin, von dem, was ich alles machen konnte. Aber ich kenne es halt auch nicht anders. Für mich persönlich und mein Leben war und ist das gut so.

Papa: Dir war schon immer deine Freiheit enorm wichtig und du lässt dich ungern in eine vorgegebene Bahn zwingen. Das war, glaub ich, auch mit ein Grund, warum du die Profisportkarriere beendet hast. Denn im Bergsport kannst du jetzt dein Freiheitsbedürfnis voll ausleben, deshalb gefällt dir das so sehr. Auch damals schon, zu deiner aktiven Biathlonzeit: In den Bergen warst du allein und konntest dich ausleben, im Biathlon hingegen musstest du dich doch irgendwie unterordnen. Und bestimmt war es auch die Ruhe am Berg, die du zwischen den stressigen und lauten Biathlonwettkämpfen gesucht hast. Einfach abschalten.

Ich: Für mich war die bisher stressigste Zeit die Schulzeit während der 11. Klasse. In der Schule wurde damals sehr viel gefordert. Ich hatte viermal die Woche Nachmittagsunterricht und sechsmal Training und war viel unterwegs auf Wettkämpfen und ersten internationalen Rennen. Das war echt krass. In der Zeit hatte ich sehr wenig Freizeit. Es war wahnsinnig anstrengend und ich wollte unbedingt mit der Schule aufhören und im Sport erfolgreich sein: Das war mein Ziel, das war mein Traum. Es gab auch einige Athletinnen und Athleten wie Miriam Gössner, die tatsächlich aufgehört haben und mir das vorlebten. Das Jahr nach dem Ende der Schule war ich dann auch nur krank. Das hing sicher mit dem Stress zusammen.

Mama: Ja, das war echt eine zähe Zeit, aber du warst erst 15. Und so ehrgeizig du auch warst, gab ich dir doch zu bedenken: »Jetzt stell dir vor, du verletzt dich schwerer, brichst dir von einem Tag auf den anderen den Fuß und dann ist die Schule auch weg. Dann hast du von jetzt auf gleich gar nichts mehr ...« Es war halt auch der erste Jahrgang des achtjährigen Gymnasiums, in dem vieles noch nicht rundlief. Mein Vorschlag war deshalb ja auch, dass du dir drei Jahre Zeit lässt.

Ich: Ja, in den Internaten gab es diese Streckung auf drei Jahre, aber ich dachte mir: »Stressig ist es sowieso und dann tue ich mir diesen Stress nicht auch noch ein Jahr länger an. Dann ziehe ich es lieber durch.«

Mama: Ich hab da einfach in verschiedene Richtungen geschaut: Was kann alles passieren? Was ist, wenn du mit 19 Jahren schon völlig übertrainiert bist? Geschadet hat es dir sicher nicht, denn so hattest du für alle Fälle wenigstens das Abitur in der Tasche. Außerdem hat man für dich auch einige Hürden runtergeschraubt, damit du es irgendwie schaffen konntest. Aber natürlich war es eine sehr anstrengende Zeit und für mich war es auch nicht eindeutig ersichtlich, was wirklich das Beste war. Aber rückblickend … was denkst du?

Ich: Natürlich war es gut so. Und ja, mit 17 war es auch noch früh genug, um in den Profisport einzusteigen. Außerdem habe ich jetzt die Möglichkeit zu studieren. Und es war toll, dass alle - ihr, meine Trainer, die Schule, meine Klassenkameradinnen - mich so weit unterstützten, wie sie das eben konnten. Aber aus meiner Sicht steckt da auch ein Fehler im System: Ich kann nicht erwarten, dass ich erfolgreiche Leistungssportler produziere, wenn es so viele Hürden gibt. Einige überwinden vielleicht diese Hürden, aber viele schaffen es auch nicht und zerbrechen daran. In meinem Fall hat es gerade noch so geklappt, aber es ist nicht die ideale Situation, um gute Sportler hervorzubringen.

Mama: Und wie du schon sagst: Was für dich gut war, ist nicht für alle gut. Du bist ein Mensch, der immens viel Druck aushalten und durch Druck und Widerstände sehr wachsen kann. Aber es gibt viele Jugendliche, die hätten das nicht so geschafft, die hätten es gebraucht, dass man sie aus der Situation herausnimmt.

Ich: Umso mehr wusste ich danach und weiß ich auch jetzt noch, meine freie Zeit in den Bergen sehr zu schätzen. Es ist ja immer noch so: Es gibt Phasen, in denen habe ich sehr viele Termine, bin »gefangen« und komme zu gar nichts. Wenn ich aber Zeit habe, kann ich raus und meine Zeit so gestalten, wie ich möchte.

Papa: Es gab ein nettes, symbolträchtiges Ereignis in deiner Kindheit, über das wir lange immer wieder gesprochen haben: An Weihnachten tauchte bei uns mal eine kleine Trompete auf, die wir von einem Musiklehrer geschenkt bekommen hatten. Wir wollten eigentlich »Stille Nacht« singen, aber du hast dir diese Trompete geschnappt, dich in deinem schwarzen Samtkleid vor uns aufgebaut und mit vollen Backen in die Trompete gepustet – schon von Kindesbeinen an hast du allen den Marsch geblasen! Du standest da vorne, hast gebrüllt wie eine Löwin und gerufen ...

Ich: ... »Hier bin ich!«

Kapitel 3
Meine Ziele, meine Motivation, mein Weg

»Entweder setzt du dich als Passagier in den Zug und lässt dich kutschieren, darfst dich dann aber nicht beschweren, wenn du nicht am richtigen Ort ankommst. Oder DU übernimmst als Lokführer das Steuer und entscheidest selbst, wohin die Reise gehen soll.« Dieser Rat eines Bekannten prägte mich sehr und wurde für mich zu einer Art Lebensmotto. Er beinhaltet zwei Aussagen, die für mich von großer Bedeutung sind: Es ist wichtig, mir Ziele zu setzen, um dorthin zu kommen, wo ich hinwill. Und den Weg zum Ziel darf und muss ich selbst bestimmen. Ich darf nicht einfach nur mitfahren, sondern ich muss mein Leben selbst steuern.

Was ich wollte, und vor allem auch was ich nicht wollte, wusste ich schon als Kind sehr gut. Die Profisportlerkarriere einzuschlagen war mein persönlicher Wunsch, niemand hat mich dazu »getrieben« oder überredet. Die Motivation kam von mir selbst. Ich spürte früh, dass ich den nötigen Ehrgeiz dafür hatte. Und nichts konnte mich davon abbringen: Einmal regnete es wie verrückt und meine Mama sagte: »Willst du heute wirklich ins Training gehen? Bei dem Sauwetter bleibst doch bitte lieber daheim!« Mit Nachdruck antwortete ich ihr: »Fahr mich jetzt bloß dahin, es ist mir egal, ob es regnet, ich gehe auf alle Fälle ins Training!« Da gab es für mich überhaupt keine Diskussion. Ich hatte schon immer einen recht starken Willen. Wenn ich mir etwas in den Kopf setzte, dann musste das auch passieren. Mein Umfeld hatte es sicher oft nicht so leicht mit mir.

Meine Biathlonlaufbahn war – unter anderem, was Planung und Organisation angeht – eine gute Lebensschule. Wenn ich heute für ein Vorhaben packen und mich vorbereiten muss – ganz egal ob für eine Bergtour oder ein Partner-Event –, kommt die Leistungssportlerin in mir durch und ich versuche alles penibel und durchdacht anzugehen, um bestmöglich vorbereitet zu sein. Denn um Erfolg zu haben, braucht es eine gewisse Struktur und einen guten Plan. Im (Leistungs-)Sport ist es deshalb total wichtig zu wissen, wohin es grundsätzlich gehen soll: »Für was trainiere ich eigentlich?« Und vor allem: »Wie trainiere ich und wie sieht der Weg dorthin aus?« Ich erkannte für mich, dass ich beim Training immer verstehen muss, warum ich etwas mache, vor allem aber, dass ich von der Art und Weise, also dem Weg, überzeugt sein muss. Dann bin ich richtig motiviert. Wenn ich den Sinn hinter einer Sache nicht verstehe, tue ich mich hart und empfinde das Ganze schnell als Zeitverschwendung. Was mich absolut demotiviert, sind immer gleiche und wiederkehrende Abläufe. Man könnte auch sagen: Mir wird schnell langweilig. Während meiner Biathlonzeit tat ich mich deshalb manchmal schwer, den vorgegebenen Weg der Trainer zu gehen. Ich führte viele Gespräche mit ihnen und wir suchten Möglichkeiten für ein individuelles Training, das auf meine Bedürfnisse zugeschnitten war. Es war mir schon immer wichtig, dass ich ein Fünkchen Restfreiheit hatte, die Weggestaltung mitzubestimmen. Ich mag es nicht, wenn mir nur etwas vorgesetzt wird, ich möchte selbst aktiv mitmachen, verstehen und für den Weg und das Ziel brennen. Nur so bleibe ich dauerhaft motiviert.

Natürlich birgt mein eigener Weg auch das Risiko, dass der Plan dahinter möglicherweise nicht aufgeht. Aber auch wenn es mal nicht so klappt, hält es mich nicht davon ab, meinen Weg weiterzugehen. Dabei kann ich nur gewinnen: Erstens bleibe ich mir selbst treu und lasse mich nicht verbiegen, zweitens lerne ich bei jedem Schritt Richtung Ziel etwas Neues dazu. Schaffe ich es am Ende doch nicht, bin ich natürlich erst mal enttäuscht. Aber Scheitern gehört zum Leben und meist lerne ich dabei mehr, als wenn ich das Ziel problemlos erreiche. Zumindest erfahre ich, wie ich es beim nächsten Mal besser machen kann. Das gilt auch fürs Klettern: Wenn ich immer dieselben Routen klettere, von denen ich sicher weiß, dass ich sie beherrsche, und damit in meiner Komfortzone bleibe, werden sich meine Fähigkeiten kaum verbessern. Wage ich mich aber in für mich schwierige und unbekannte Routen, lerne ich schon beim Versuch, sie zu meistern, ganz viel. Dafür muss ich sie gar nicht bis zum Ende durchklettern können.

* * *

Es spielt keine Rolle, wie groß oder weit entfernt sich mein Ziel für mich anfühlt – ob ich es erreiche, hängt meiner Erfahrung nach von vier wichtigen Faktoren ab: Erstens muss es mein eigenes, von mir formuliertes Ziel sein und nicht das von anderen wie Partnern, Eltern oder der Gesellschaft – ich muss das Ziel frei wählen und mich zu 100 Prozent mit ihm identifizieren können. Nur so habe ich die nötige Motivation, den (oft auch jahrelangen) Weg dorthin zu gehen.

Zweitens kann ich nicht darauf warten, dass mir alles zufliegt. Ich muss selbst eine Idee davon haben, wie ich dieses Ziel erreichen kann. Ich muss mir den Weg suchen, der für mich persönlich am besten geeignet ist und für den ich auch einstehen kann.

Drittens muss ich mich fragen, wieso ich motiviert bin und ob diese Motivation so stark ist, dass sie für den gesamten Weg ausreicht.

Und viertens muss ich – wenn die Planungen gut durchdacht und abgeschlossen sind – das Ziel ohne Zögern angehen. Je länger die Idee zu einem Vorhaben schon da ist, desto größer ist die Gefahr, dessen Start immer wieder mit der Begründung vor sich herzuschieben, es gebe sicher noch einen besseren Zeitpunkt. Mir ging das vor ein paar Jahren so mit dem Vorhaben, die Zugspitze auf allen vier Hauptwegen an einem Tag zu begehen. Die Idee dazu hatte Xari. Wir sprachen immer wieder darüber und klügelten den Ablauf aus: von Hammerbach über das Höllental hoch, übers Gatterl nach Ehrwald runter, von dort über die Wiener Neustädter Hütte wieder zur Zugspitze hinauf und dann übers Reintal wieder zurück nach Garmisch-Partenkirchen. Die Idee gefiel mir wirklich gut, es war eine tolle Herausforderung, aber vielleicht auch eine zu große. Ich war mir nicht sicher, ob ich das schaffen könnte. Dann kam der Tag, an dem die Bedingungen perfekt dafür waren, und Xari schlug vor, unser »Zugspitz-Quattro« anzugehen. Ich zweifelte stark: »Nein, ich weiß nicht, ob ich dafür bereit bin. Das ist schon eine sehr krasse Aktion. Vielleicht sollte ich erst noch bisserl dafür trainieren.« Daraufhin meinte er zu mir: »Jetzt komm, lass es uns probieren, wirklich bereit bist du nie! Wir starten jetzt einfach mal, was soll schon passieren?« Wir zogen es dann durch – auf der letzten Etappe wäre ich nach einem Radler an der Bockhütte fast nicht mehr vom Bankerl aufgestanden, aber es war ein irres Erlebnis. Und Xaris Aussage »Wirklich bereit bist du nie« hat sich mir eingeprägt: Ich versuche die Dinge jetzt einfach anzupacken und nicht mehr vor mir herzuschieben.

Was mir außerdem geholfen hat, auf meinem Weg zu bleiben und an mein Ziel zu glauben, waren Vorbilder. Als Biathlon-»Kinder« durften wir bei offiziellen Ehrungen der Biathlon-»Stars« dabei sein. Ich weiß noch gut, wie ich bei einem Empfang für Martina Beck (geb. Glagow) in der Mittenwalder Eisarena dachte: »Wow, die hat es geschafft, die hat eine Medaille um den Hals, die kann ich im Fernsehen anschauen!« Sie schien mir unerreichbar. Aber dann, wie sie so vor uns hermarschierte, registrierte ich: »Die hat aber ja das Gleiche an wie wir, wir trainieren am selben Ort und möglicherweise werde ich sogar mal den gleichen Trainer haben wie sie? Dann ist das ein Weg, den ich gehen und den vielleicht auch ich schaffen kann!« Später begegnete ich regelmäßig Magdalena Neuner und der Weg zu Profibiathletin wurde für mich noch nahbarer: Sie war nur sechs Jahre älter und schon ein absoluter Superstar!

Schlussendlich ist es aber nicht nur wichtig, Vorbilder zu haben, sondern vor allem Wegbegleiter. Denn den Weg allein zu gehen ist trostlos. Ich brauche Menschen, die Begegnungen und die Gespräche mit ihnen – um mich zu inspirieren, zu motivieren und Erlebtes zu teilen. Und wenn es mal nicht so läuft, tut es natürlich gut, Unterstützung zu erfahren und jemanden um mich zu haben, der an meine Fähigkeiten glaubt.

* * *

Das Wichtigste ist, dass mich ein Ziel motiviert. Motivation und Ziele sind für mich untrennbar miteinander verbunden und bedingen sich gegenseitig: Wenn ich von einer Sache fasziniert und begeistert bin, bin ich in der Regel auch motiviert, sie anzugehen. Je größer meine Motivation, desto wahrscheinlicher ist es, dass ich das

Ziel auch erreiche. Kleine Zwischenerfolge bestärken wiederum meine Motivation.

Es gibt zwei Arten von Motivation, eine intrinsische und eine extrinsische: Bin ich aus mir selbst heraus motiviert oder muss ich mich von außen motivieren lassen? Für mich ist eine echte Motivation immer eine intrinsische: Ich habe von mir aus die absolute Begeisterung für etwas, weil die Sache an sich so spannend ist oder ich gerade Lust dazu habe. Manchmal komme ich abends nach Hause, sehe mein Campusboard und bekomme plötzlich Lust, noch Klimmzugübungen daran zu machen. Niemand hat mir das nahegelegt und ich brauche auch keine Belohnung danach. Ich fühle mich einfach ohne äußere Einflüsse motiviert, mich auszupowern. Oder nehmen wir meine Radreise nach Istanbul im Herbst 2022: Weder habe ich auf eine bereits vorhandene Route zurückgegriffen, noch diente die Aktion einem bestimmten Zweck. Ich hatte einfach nur Lust, aufs Fahrrad zu steigen und aus eigener Kraft möglichst weit, idealerweise zu einem spannenden Ziel zu fahren.

Aber auch ich stehe nicht jeden Tag auf und strotze regelrecht vor Motivation. Grundsätzlich ist der Start eines Projekts immer das Schwierigste. Deshalb ist es gut, Menschen um sich zu haben, die auch die maximale Begeisterung für ein Projekt aufbringen können, die sich selbst motivieren und andere antreiben können, wenn diese mal einen Hänger haben. Gerade in einer Seilschaft am Berg ist das von großer Bedeutung. Mir macht es am meisten mit Menschen Spaß, deren Lust auf eine Tour genauso groß ist wie meine, die wie ich 100 Prozent geben und denen es egal ist, welche Widrigkeiten auf uns warten – wenn ich wirklich motiviert bin, spielt es keine Rolle, was für ein Wetter herrscht, was auf dem Trainingsplan steht oder was die Gesellschaft erwartet.

Ich bin deshalb gerne unter Kletterern, weil sie in der Regel stark motivierte Menschen sind. Auf der stetigen Suche nach neuen Zielen und Abenteuern reisen sie um den Globus, steigen stundenlang irgendwo in einsame kalte Winkel und kratzen dann Zentimeter für Zentimeter an Felsen herum – dafür müssen Wille und Leidenschaft für die Sache schon sehr groß sein.

* * *

Wenn ich mir keine Ziele setze, fehlt mir der Antrieb im Leben. Ohne Ziele fallen auch die Erfolgserlebnisse ganz oder nur sehr schwach aus. Ich brauche aber Erfolgserlebnisse, um mich zu motivieren – auch zwischendrin: Es gibt kleine Ziele, die im Vorbeigehen gelingen, manche Ziele erreicht man aber erst nach Jahren, weil der Weg dorthin lang ist. Und es gibt Ziele, die sich so gewaltig anfühlen, dass sie im Ganzen betrachtet unmöglich erscheinen. Bei solchen Zielen ist es von noch größerer Bedeutung, dass ich zu 100 Prozent von dem Ziel und dem Weg dorthin überzeugt bin. Ich unterteile mir solche großen Ziele gerne in kleinere Etappenziele, denn ohne Zwischenerfolge kann es frustrierend werden:

Wenn ich immer nur das große Endziel im Kopf habe, das aber noch weit weg ist, besteht die Gefahr, dass ich die Motivation verliere und abbreche. Schaffe ich aber eine Etappe, empfinde ich ein Glücksgefühl und gewinne neue Motivation. Viele kleine Erfolgserlebnisse versetzen mich in einen guten emotionalen Zustand und ich kann motiviert immer weitermachen. Bei der Radtour nach Istanbul arbeitete ich mich deshalb von Tag zu Tag vor. Auf jeder Etappe suchte ich mir interessante Zwischenziele aus, wie ein gutes Café oder einen aussichtsreichen Pass. Und ich betrachtete jede einzelne geschaffte Tagesetappe als Gewinn. Hätte ich es am Ende nur bis nach Albanien geschafft, wäre das trotzdem ein großes Erfolgserlebnis für mich gewesen.

Wenn ich es durch meinen eigenen Einsatz schaffe, ein noch so kleines Ziel tatsächlich zu erreichen, ist das absolut beglückend! Das war schon immer meine Grundmotivation für den Sport bzw. meine sportlichen Ziele. Letztendlich spielt es aber keine Rolle, ob es sich um ein Ziel im Biathlon, im Sport, beim Bergsteigen oder in einem anderen Bereich im Leben handelt: Wenn ich durch vollen Einsatz ein Ziel erreiche, entsteht immer dieses Gefühl des absoluten Glücks.

Dabei stellen den größten Reiz für mich schon immer die Ziele dar, die mir im ersten Moment als unmöglich erreichbar erscheinen. Als ich das erste Mal beim Langlaufen in Kaltenbrunn war, wo die Loipe deutliche Höhendifferenzen aufweist, legte ich mich beim Bergabfahren in der Kurve aus Routine vom Alpinskifahren auf die Kante der Ski. Das funktionierte natürlich nicht, da Langlaufski keine Stahlkanten haben, und ich kam von der Spur ab und landete im Wald. »So eine blöde Sportart, das macht mir überhaupt keinen Spaß!«, dachte ich trotzig. Aber im nächsten Moment war gerade die Herausforderung, die Zähne zusammenzubeißen und nicht aufzugeben und es so vielleicht doch zu schaffen, ein riesiger Antrieb für mich, das Langlaufen zu erlernen. Je mehr mich eine Sache fordert, desto mehr reizt sie mich auch. Im Gegenzug finde ich es entsprechend langweilig, wenn bereits im Vorhinein für mich klar ist, dass ich eine Sache locker erreichen kann. Das wäre dann kein echtes Ziel und die Motivation würde mir völlig fehlen.

Spätestens als ich dann richtig in den Leistungssport Biathlon eingestiegen war, baute sich der Wunsch, zur Weltspitze zu gehören, immer weiter in mir auf. Anfangs fühlte sich das zwar noch sehr weit weg an, aber auch nicht ganz unmöglich – und ich begann, alles dafür zu tun.

Es muss aber nicht gleich der Olympiasieg sein, um sich glücklich zu fühlen. Für mich gibt es auch spontane kleine(re) und sehr persönliche Ziele, die es lohnen, sie zu verwirklichen. Ich hatte mir zum Beispiel überlegt, dass ich gerne mit dem Rad an einem Tag über das Timmelsjoch bis zum Südende des Gardasees nach Sirmione fahren würde – kein weltbewegendes Ziel, aber eine ordentliche Herausforderung, die mich reizte und die von da an ganz ohne zeitliche Konkretisierung auf meiner »Ziele-Liste« stand. Dann war ich am Abend nach meiner letzten Prüfung im ersten Studiensemester mit Freundinnen von früher unterwegs. Eine von ihnen erzählte mir, dass sie am nächsten Tag zum Gardasee fahren wollten. Da entschied ich völlig spontan, am nächsten Tag loszuradeln. Schon beim Wegfahren von zu Hause erfasste mich eine große Freude. Am Nachmittag wurde es zwar zäh – ich hatte viel Gegenwind und es war sehr heiß –, aber ich malte mir während der gesamten Fahrt aus, wie wohl der Moment der Ankunft sein würde. Als ich dann zum ersten Mal den blauen See zwischen den Bergen hervorglitzern sah, spürte ich ein unbeschreibliches Glücksgefühl – ich hatte es tatsächlich geschafft! Die Freude darüber war besonders groß, weil die Unternehmung ein ganz persönlicher Traum von mir war, der dann zu einem Ziel wurde, das ich schließlich anging und schaffte – einfach nur für mich und ohne es irgendwo oder irgendwem anzukündigen.

* * *

Nicht nur einmal wurde ich mit dem »Vorwurf« konfrontiert, dass meine Träume ja immer wahr werden würden. Tatsächlich ist mit meinem Sieg bei Olympia 2018 ein Kindheitstraum in Erfüllung gegangen. Um im Sport Erfolg zu haben, braucht es auch sicher ein gewisses Talent, aber das allein reicht nicht aus. Ich glaubte an mich, formulierte für mich mein Ziel und arbeitete dann jahrelang hart dafür. Ein Traum ist alles und nichts. Es ist wichtig, Träume zu haben, sich etwas vorstellen und ausdenken zu können. Das zeugt von Kreativität und Fantasie. Wenn ich aber möchte, dass ein Traum Wirklichkeit wird, muss ich etwas dafür tun. Ich brauche einen gut durchdachten Plan mit einem machbaren Weg – erst dann wird mein Traum zu einem konkreten Ziel und zusammen mit Menschen, die mich auf meinem Weg unterstützen, zu etwas, das erreicht werden kann.

Wenn es darauf ankommt, kann ich sehr konsequent sein – egal ob auf meinem sportlichen, beruflichen oder privaten Weg. Ich finde es zwar wichtig, die Augen und Ohren immer offen zu halten. Aber ich kann mich eben auch sehr gut auf einen Punkt fokussieren oder mich für eine Sache ungemein begeistern. Ob der Plan danach aufgeht und ich das Ziel erreiche, ob es perfekt wird oder gar nichts davon: Ich versuche einfach alles, was mir zur Verfügung steht – meine Leidenschaft, meine Stärken und meine ganze Energie –, in dieses eine Projekt zu geben. Ich kann Dinge nicht halbherzig machen, sondern nur »gscheid« – voll und ganz, egal, was dabei rauskommt. Um es am Beispiel Biathlon zu verdeutlichen: Meine Zielvorgabe kann weder sein, einfach mal mitzulaufen, noch kann sie lauten, unbedingt gewinnen zu **müssen**. Vielmehr versuche ich, alle Scheiben zu treffen und auf der Strecke alles aus mir herauszuholen. Dafür möchte ich mich perfekt vorbereiten und das Beste geben. Wenn ich das schaffe, dann habe ich es nach meinem Verständnis »gscheid« gemacht, egal, wie das Ergebnis am Ende aussieht. Denn ob ich letztendlich Erste oder Vierte werde, hängt auch von der Konkurrenz ab – und von anderen Gegebenheiten, die ich nicht beeinflussen kann.

* * *

Für mich gibt es zwei Ebenen in der Welt: das Rationale – ich bin motiviert, gehe meinen Weg und versuche, mein Bestes zu geben – und das Irrationale, der Glaube an eine Art Kraft oder Göttlichkeit, die meinen Weg mit lenkt. Ich kann noch so viel planen und vorbereiten, aber wir Menschen sind nur ein ganz kleiner Teil in einem großen Zahnrad. Für mich gibt es mehr als nur unsere wissenschaftliche Welt. Ich sehe meinen Erfolg und die schönen Dinge, die ich erleben darf, nicht als selbstverständlich an. Es muss so viel zusammenpassen: die richtigen Menschen, der richtige Ort, die passenden Gegebenheiten ... Ich glaube sogar daran, dass gewisse Dinge vorbestimmt sind. Wenn ich eines meiner Ziele erreicht habe, klopfe ich mir deshalb nicht auf die Schulter und sage mir: »Wow, das hast du aber wieder toll gemacht!«, sondern ich spüre, dass mich irgendetwas dabei unterstützt hat. Ich fühle dann eine große Dankbarkeit und Ehrfurcht, dass es so hat kommen dürfen.

Ich habe schon als sehr junger Mensch sehr großen Erfolg erleben dürfen, bekomme sehr viel positive Resonanz und genieße nach wie vor viele Privilegien – ich möchte deshalb auch etwas zurückgeben und nicht nur vom »Rahm abschöpfen«. Ich versuche das vor allem in drei Bereichen, die mir jeweils sehr am Herzen liegen: Ich engagiere mich seit knapp zehn Jahren für Exiltibeter, ich bin ehrenamtlich in der Bergwacht aktiv und meine Bergführerausbildung möchte ich in einem gewissen Rahmen auch hier einordnen.

Mir war es schon immer wichtig, mich sozial zu engagieren. Vor gut zehn Jahren stieß ich dann auf die »Initiative Oberland« und übernahm die Patenschaft für Ngawang Gvendum. Die Geschichte der Exiltibeter berührt mich besonders. Aufgrund der Faszination, die fremde Länder und Kulturen auf mich ausüben, habe ich mich bereits als Jugendliche mit Schicksalen wie dem der jungen Tibeterin Soname Yangchen beschäftigt, die in ihrem Buch *Wolkenkind* über ihre Flucht vor den chinesischen Machthabern schreibt. Irgendwie fühle ich mich mit diesen Menschen verbunden. Vielleicht ist es, weil sie auch Bergmenschen sind und noch dazu im größten Gebirge der Welt leb(t)en. Die Zerstörung ihrer Kultur und Religion geht mir sehr nahe und mir imponiert die offene Einstellung der Buddhisten: Sie sind tiefgläubig, gleichzeitig aber nicht so stark an ihr Gotteshaus gebunden. Sie besitzen selbst nichts, schließen aber dennoch alle Menschen – egal welcher Herkunft und Religion – in ihre Gebete mit ein. Ngawang Gvendum macht die Ausbildung zum Mönch. Zumindest kann er so die Kultur der Tibeter im Exil in Südindien fortführen, denn ansonsten hat deren Leben dort nichts mehr mit ihrem ursprünglichen in Tibet zu tun. Das Klima ist ein völlig anderes, es gibt keine Berge. Sie werden dort nur geduldet und besaßen am Anfang nichts. Die Initiative ermöglicht es ihnen, Häuser, Schulen und Klöster zu bauen und ihre Kultur weiterzupflegen. Ich finde wichtig, dass hier Hilfe zur Selbsthilfe geleistet und nicht nur Geld an einzelne Menschen verteilt wird. Ich spende deshalb zusätzlich zu meiner Patenschaft auch regelmäßig für gemeinschaftliche Projekte. So konnten wir mittlerweile eine Schneiderei gründen, die es den Menschen ermöglicht, Schuluniformen sowie Kleidung für sich selbst und zum Verkauf herzustellen.

Zur Bergwacht bin ich mit 18 Jahren gegangen. Mein anfänglicher Beweggrund war, meine Fähigkeiten bezüglich der Unfallversorgung beim Bergsport fundiert auszubauen. Mittlerweile motivieren mich vor allem zwei Aspekte, mich ehrenamtlich zu betätigen: Zum einen habe ich nach der langen Zeit im Sport, wo es ganz viel um die persönliche Entwicklung ging, festgestellt, wie schön es ist, im Team zu arbeiten und gemeinsam unterwegs zu sein. Mir gefällt es, wie wir dort zusammen Entscheidungen treffen und Prozesse abwickeln. Es geht nicht darum, wer der Stärkste ist, sondern wie wir gemeinsam das Beste für den Patienten herausholen – und trotzdem sind die Fähigkeiten jedes einzelnen Bergwachtlers gefragt. Jeder gibt eben das, was er am besten kann. Zum anderen bietet die Bergwacht die ideale Möglichkeit, meine bergsteigerischen Fähigkeiten und Erfahrungen in die Hilfe für andere einzubringen. Mir fällt das leicht und mir macht das Spaß – es wäre eine

Verschwendung von Ressourcen, wenn ich mich hier nicht engagieren würde. Und es fügt sich auch alles zusammen: Meine Hintergründe aus der Zeit als Leistungssportlerin, meine theoretischen Kenntnisse aus dem Sportwissenschaftsstudium und die Erfahrungen aus der Bergführerausbildung – das alles kann ich für die Bergwacht nutzen und auch andersherum.

In der Bergführerausbildung wiederum stecke ich nun seit zwei Jahren. Ich vermute, fast jeder, der ambitioniertes Bergsteigen betreibt, denkt früher oder später über die Ausbildung nach. Es ist die höchste und beste, die man im Bereich Bergsport machen kann. In drei Jahren lernt man von der Pike auf das Handwerkszeug von den absoluten Profis. Und das Bergführen ermöglicht es, die eigene Leidenschaft auszuleben und im besten Fall davon leben zu können.

Anfangs war ich mir nicht sicher, ob ich die Ausbildung überhaupt schaffen würde. Aber gerade das herauszufinden war Anreiz genug. Und mich motiviert die Vorstellung, als Bergführerin selbst draußen aktiv (und nicht nur als Beobachterin, wie das bei Trainern oftmals der Fall ist) unterwegs sein und dabei mein bereits erworbenes Wissen den Gästen zur Verfügung stellen zu können. Mir gefällt es, dass der Beruf des Bergführers genauso vielfältig ist wie das Bergsteigen selbst. Es gibt unzählige Möglichkeiten, tätig zu werden: Fernreisen, Klettersteigkurse, Hochtouren, geführte Skitouren ... Der Kreativität sind fast keine Grenzen gesetzt. Wohin mich mein Weg führen wird, ist noch offen. Jetzt heißt es erst mal, mit vollem Engagement die Ausbildung erfolgreich zu Ende zu bringen.

Ich empfinde die Atmosphäre in unserem Ausbildungsjahrgang als Geschenk: Alle sind sehr motiviert und halten an menschlichen Werten fest, die heutzutage und gerade auch in dieser Branche aus meiner Sicht nicht selbstverständlich sind. Wir unterstützen uns gegenseitig und meistern schwierige Situationen gemeinsam. Es spielt keine Rolle, dass Chrissi und ich die einzigen Frauen des Jahrgangs sind und wer in welchen Disziplinen besser oder schlechter ist, wer etwas sofort kapiert oder nicht - alle Fragen sind erlaubt, niemand wird schief angeschaut. Wir versuchen auf jedem Lehrgang eine gute Zeit miteinander zu haben. Wir sind mit aller Ernsthaftigkeit dabei, haben aber auch viel Spaß miteinander. Ich kann mich auf jeden von ihnen mit gutem Gefühl voll und ganz verlassen und es gibt von jedem etwas zu lernen - das ist etwas Besonderes und schweißt sehr zusammen.

Mir wurde oft gesagt, dass meine Erfolge im Biathlon auch bei anderen Menschen etwas bewegt haben und ich ihnen Freude im Alltag geschenkt habe. Das war sicher nicht meine Hauptmotivation, Leistungssport zu betreiben. Aber es war ein sehr schönes Zusatzerlebnis, wenn ich durch mein Tun andere motivieren konnte, auch etwas zu machen, oder wenn ich ihnen zumindest ein positives Erlebnis schenken konnte. Das Bergführen ermöglicht mir dies nun ausgeprägter und vor allem direkter: Ich kann meine eigenen Fähigkeiten verbessern und gleichzeitig Gästen auf Tour – in persönlicher Interaktion – zu einem positiven Gipfelerlebnis verhelfen. Ich mache die Sache nicht nur für mich selbst, sondern jetzt kann ich auch andere auf ihrem Weg unterstützen, ihre Träume und Ziele zu verwirklichen. Das ist sehr erfüllend.

* * *

Ziele und auch der Umgang mit ihnen verändern sich im Lauf des Lebens. Beim Biathlon war klar: Das höchste Ziel und der größte Erfolg, den ich erreichen konnte, war der Olympiasieg. Bisher kommt an dieses Ziel und an dessen Intensität nichts mehr heran. Meine Ziele im Bergsport formieren sich viel gröber und ich entscheide mich wesentlich kurzfristiger. Außerdem hängen sie viel mehr von äußeren Bedingungen ab. Aber das ist auch gut so. Ich betreibe Bergsport nicht als Leistungssport. Ich will nicht, dass etwas wieder so viel Macht über mein Tun und meinen Alltag bekommt und mich einschränkt. Ich brauche meine Freiheit, denn ich habe noch so viel zu entdecken.

Kapitel 4
Darum steige ich auf Berge
Abenteuer-Traumtouren

WINTERABENTEUER VOR DER HAUSTÜR: ABFAHRT INS HÖLLENTAL (2019)

Von anspruchsvollen Wintertouren – insbesondere in der eigenen Heimat – zu erzählen ist eine ambivalente und heikle Angelegenheit: Es könnten sich (zu) viele andere Skifahrer animiert fühlen, diese Abfahrten auch zu machen, und sich dabei in Gefahr begeben. Aber heißt das im Umkehrschluss auch, dass besonders eindrückliche Erlebnisse nie geteilt werden dürfen? Bei uns zu Hause gab es dazu bereits einige Diskussionen. Ich finde, es muss möglich sein, zwar nicht von jeder und auch nicht im Detail, aber von ausgewählten Touren sensibel berichten zu können. Erlebnisse zu teilen ist ja auch immer etwas sehr Schönes und Bereicherndes. Und was mich so begeistert: Auch in einer touristischen und durch und durch erschlossenen Gegend wie rund um Garmisch-Partenkirchen ist es möglich, nur ein paar

Meter abseits der ausgetretenen Pfade absolute Ruhe und totales Abenteuer zu erleben!

Ich habe mich entschieden, von der folgenden Winterbesteigung und -abfahrt zu erzählen, um sie so ein Stück weit »archivieren« zu können: Weil ich diese Tour jeden Tag von meinem Balkon aus sehen kann, die Verhältnisse aber seitdem nie mehr so gut waren, dass man sie hätte wiederholen können; weil sie Lehrcharakter aufweist; vor allem aber, weil ich sie mit einem ganz besonderen Menschen unternommen habe.

Dabei möchte ich eine Sache vorwegnehmen: Bertl und ich waren seit Jahren Sommer wie Winter ein eingespieltes Team, waren auch in jenem Winter schon sehr oft unterwegs gewesen und viele Abfahrten gefahren. Wir wussten, was wir machen konnten und was nicht. Das ist eines der essenziellsten Dinge beim Skifahren: Ich muss viel unterwegs sein und die Lage an den verschiedenen Hängen auskundschaften. Wie viel Schnee hat es? Welche Auflage ist darunter? Wie verhält sich der Schnee? Nur so kann ich lernen, die Verhältnisse einigermaßen gut einzuschätzen, um gegebenenfalls extreme Abfahrten zu wagen. Das geht nicht von zu Hause aus, indem ich mal schnell den Lawinenlagebericht anschaue.

Nachdem Bertl und ich also die Verhältnisse gut kannten, hatten wir uns vorgenommen, eine Skiabfahrt ins Höllental zu versuchen. Das hatten wir zuvor noch nie gemacht. Um etwas Zeit zu sparen, nahmen wir ausnahmsweise die letzte Bahn hinauf auf die Zugspitze und schwebten mit der Gondel hinab aufs Zugspitzplatt. Die letzten Skifahrer machten sich gerade auf den Rückweg ins Tal und bedachten uns mit einigen fragenden Blicken, als sie uns mit den großen Rucksäcken sahen. Wir grinsten uns aber nur an, stiegen in die Ski und fuhren entspannt zur Knorrhütte ab, wo wir die Nacht verbringen wollten. Der Winterraum dort ist nicht besonders schön, eher ein recht dunkles Kammerl. Es war sehr kalt und wir schürten den Ofen ein – was sich als erste Herausforderung der Tour entpuppte: Das Einzige, was wir mit dem schlechten Holz, das wir finden konnten, zustande brachten, waren Unmengen von Qualm. »Willst mich vergiften? Mach mal die Tür auf!«, frotzelte Bertl. Ich riss die Tür auf, eiskalte Luft strömte herein. »Woa, das geht gar nicht, so wird's hier ja nie warm!«

Irgendwann bekamen wir es aber einigermaßen hin und es wurde doch noch ganz gemütlich. Außer uns war niemand mehr in der Hütte und draußen herrschte absolute Stille in der tief winterlichen Landschaft. Es war sternenklar und der viele Schnee erhellte die Nacht. Wir genossen noch eine Flasche Rotwein, machten uns aber auch viele Gedanken über den nächsten Tag und gingen noch mal alles durch. Würden wir wirklich durchkommen?

Am nächsten Morgen brachen wir bei Dunkelheit und knisternd kalter Luft auf. Über uns prangten unzählige Sterne. Es war wunderschön, aber wir waren auch angespannt. Unser grober Plan war, über den Brunntalgrat zum Jubiläumsgrat aufzusteigen und von dort nordseitig ins Höllental abzufahren. Die ersten paar Meter konnten wir noch mit Fellen aufsteigen, aber auf einem alten Lawinenkegel mit gefrorenen Schneebollern wurde es rasch unangenehm. Kurz darauf wurde es schon zu steil und wir schnallten die Ski ab und banden sie uns an die Rucksäcke. Jetzt ging es erst mal nur noch zu Fuß weiter.

Schon im Sommer muss man sehr ortskundig und alpin erfahren sein, um den Brunntalgrat zu finden und sicher begehen zu können. Im Winter wird er in der Regel gar nicht begangen. Das Stahlseil lugte nur ab und zu aus dem Schnee hervor. Die Spurarbeit war mühsam. Anfangs hatte der Schnee einen Harschdeckel, ständig brachen wir bis zu den Oberschenkeln ein. »Was für eine furchtbare Wurlerei!«, schimpften wir vor uns hin. »Was müssen wir hier auch im Winter rumstapfen?« Aber unser Wille war groß, wir wollten schließlich nicht einfach Ski fahren, sondern suchten wie immer das große Abenteuer ... So wechselten wir uns mit dem Spuren ab und wurstelten uns irgendwie bis oben durch, wo endlich Pulverschnee lag. Es war gigantisch! Die Schneekristalle glitzerten in der Sonne und uns eröffnete sich eine Traumaussicht auf die tief verschneiten Gipfel um uns herum. Wie anders es hier oben auf dem Jubiläumsgrat doch bei so viel Schnee war! Weit unten am Platt hatte indes der Skitrubel begonnen. Wie ein Haufen Ameisen wuselten die Skifahrer über die Piste. Wir aber hörten nur unser Atmen und das Knirschen des Schnees.

Wir erreichten die rote Biwakschachtel am Jubiläumsgrat und gingen noch ein Stück an ihr vorbei weiter. Nun begann die Suche nach einer geeigneten Abfahrt. Wir waren im Vorfeld nicht sicher, ob wir überhaupt irgendwo runterkommen würden. Die Winter und die Bedingungen sind nie gleich. Der Schnee fällt immer anders. Es gibt jedes Jahr eine andere Unterlage und es herrscht eine andere Schneebeschaffenheit. Manchmal sind Mulden ausgefüllt, manchmal sind Rinnen ausgeblasen. Wir hatten aber tatsächlich Glück und erspähten irgendwann eine erste befahrbare Rinne. Sie war steil. Wie steil genau, konnte ich schlecht einschätzen. Sicher über 40 Grad. Da standen wir also in der warmen Vormittagssonne und blinzelten über den Abgrund, die Skispitzen schon in der Luft, bereit zum »Abheben«. Es kostete mich einige Überwindung, aber dann schob ich mein Körpergewicht nach vorne, nordwärts in den Schatten hinunter.

Der Pulverschnee stob nur so davon. Wow! Und schon war das erste Band erreicht. Gemeinsam suchten wir nach der nächsten Rinne. Da! Und los ging's – vorsichtig. Nach jedem Band blieben wir stehen, orientierten uns neu: Wo könnte es weitergehen? Welche Rinne trauen wir uns? Wir konnten von oben schlecht abschätzen, welche Rinne befahrbar war und wo sie vielleicht plötzlich von Felsabbrüchen versperrt wurde. Es war ein ständiges Abwägen und Vortasten. Ab und an querten wir unter ein paar Felswänden hindurch, fanden aber immer wieder eine Möglichkeit, weiter abzufahren – auch wenn es stellenweise echt steil war. In den Kurven sprangen wir beherzt um.

Dann erreichten wir über eine ausgesetzte Querung einen riesigen Felsblock. Wir hatten ihn schon von weit oben gesehen und waren uns sicher gewesen, an dieser Stelle abseilen zu müssen. Für so einen Fall hatten wir extra Schlaghaken und Hammer im Gepäck. Doch dann fanden wir tatsächlich eine – wenn auch sehr enge – Rinne und rutschten ganz vorsichtig durch sie hinab. Und weiter ging es durch das Labyrinth von Rinnen und Felsen. Es machte riesigen Spaß, immer wieder nach neuen Wegen und Möglichkeiten zu suchen, weiter abzufahren.

Dann plötzlich, als ein Stück unter uns das Gelände schon vergleichsweise flach ins Höllental auslief, standen wir vor einem Abbruch. »Das gibt's doch nicht!«, rief ich. Bertls Blick wanderte umher. »Ja, aber schau, da sind ein paar Latschen!« Er inspizierte die Bäumchen und befand: »Das geht, an denen können wir uns abseilen.« Gesagt, getan. So packten wir also doch noch unser Seil aus, knüpften mit einer Reepschnur eine Abseilstelle an eine starke Wurzel und ließen uns über den Felsvorsprung hinunter.

Schließlich kamen wir kurz unterhalb der Höllentalangerhütte raus, standen in der Stille und schauten uns fragend an: In unserer großen Abenteuerlust hatten wir den Fokus nur auf das Skiabfahrtserlebnis gerichtet, aber überhaupt nicht bedacht, wie wir eigentlich vom Höllental zurück nach Grainau kommen sollten. Wir überlegten und ich betrachtete die schattigen Schneeflächen vor uns. Da! »Jackpot, Bertl, schau mal, Richtung Knappenhäuser und Hupfleitenjoch ist gespurt!« Bertl schaute mich nur verständnislos an: »Hast du einen Vogel, ich geh doch jetzt nicht mehr bergauf, wir sind doch schon fast unten!« – »Wie willst du dann rauskommen?« – »Fahren wir doch durch die Höllentalklamm!« – »Meinst, des geht?« Bertl grinste und stupste mich an die Schulter: »Geh, das schaffen wir schon!«

In unserem Abfahrtsglücksrausch und wohl auch mit einer ordentlichen Portion jugendlichem Leichtsinn fuhren wir dann weiter Richtung Höllentalklamm ab. Ich möchte an dieser Stelle unbedingt betonten, dass das eine meiner gefährlichsten und irrsinnigsten Aktionen war. Niemals wieder würde ich bei solchen winterlichen Verhältnissen die Klamm begehen und ich möchte auch allen anderen dringendst davon abraten! Die Höllentalklamm ist im Winter aus guten Gründen gesperrt. Brücken und Stege sind abmontiert und die Tunnel sind meist mit Schnee ausgefüllt.

Anfangs waren wir noch guter Dinge. Wegen des vielen Schnees in diesem Jahr waren schon einige Lawinen abgegangen, die das obere Bachbett mit Schnee ausfüllten. Über diese Lawinenboller konnten wir einige Meter gut abfahren und ich freute mich schon: »Mei, vielleicht können wir ja bis zur Eingangshütte mit den Skiern fahren!« Doch weit gefehlt – und ein absolut blödsinniger Trugschluss: Irgendwann wurde der Schnee weniger und das Wasser kam hervor, das dort mit einer gewaltigen Kraft ins Tal rauscht. Wir kamen nicht weiter. Eigentlich hätten wir nun durch die Tunnel gemusst, die waren aber größtenteils mit Schnee verstopft. Durch ein paar krochen wir noch auf allen Vieren durch, dann war auch hier nichts mehr zu machen. Uns blieb nur noch eine Option: Wir mussten außen an den Tunneln entlangklettern – mit dem tosenden, eiskalten Bach unterm Hintern und den von der Sonne beschienenen lawinösen Hängen hoch über unseren Köpfen. Was machten wir hier bloß? Ich bekam Angst: Das war gefährlicher als die gesamte vorangegangene Tour! Und nur, weil wir zu faul gewesen waren, über das Hupfleitenjoch noch einmal aufzusteigen.

Aber es half nichts, wir waren schon mittendrin. Einmal robbten wir, den Rucksack quer vor uns herschiebend, voran. Im nächsten Moment kletterten wir wieder waghalsig umher. Kämpften uns weiter. Endlich, endlich wurde der Schnee flacher und ich war heilfroh, als wir wieder normal durch die Tunnel gehen konnten.

Wir schleppten uns zur Eingangshütte und nach Hammersbach hinunter und hockten uns – wie schon oft nach unseren Touren – zu Bertls Eltern an den Tisch. »Ja, wo kommts ihr denn her?« Wir kleinlaut: »Aus der Klamm …« – »Was!? Jetzt aus der Klamm? Im Winter!? Mit den Ski? Spinnt ihr völlig?« Da saßen wir nun wie zwei begossene Pudel. Doch im nächsten Moment grinsten wir uns wieder an. Wir hatten eine wirklich geniale Tour hinter uns – viele Höhenmeter, steil, ausgesetzt, einen super Schnee. Und ja, aus reiner Naivität und Faulheit hatten wir uns einen Fauxpas geleistet, der hätte richtig schiefgehen können. Zu unserem sehr großen Glück ist er es aber nicht. Und bekanntlich lernt man aus Fehlern: Es war das letzte Mal, dass ich eine Tour nicht bis zum Ende durchdacht habe.

MEINE ERSTE HOCHALPINE NORDWAND: DIE *DIRECTE AMÉRICAINE* AN DER *PETITE DRU* (2019)

»Wir könnten doch die Dru klettern ...« Bertl und ich waren nahe Chamonix mit den Rennrädern unterwegs und machten gerade eine Pause. »Wie, die Dru? Das ist doch viel zu schwer!«, sagte ich verwundert. Darauf Bertl ganz lässig: »Na, so schwer ist das nicht. So 6c vielleicht.«

Ich schaute mir das Topo im Kletterführer an und überlegte hin und her. Welchen Bergsteiger fasziniert nicht die markante Granitpyramide über Chamonix? Jedes Mal, wenn ich mich von Osten kommend Chamonix nähere, sehe ich die Dru über dem Tal thronen. Sie ist aber auch bekannt für ihre Felsstürze. Doch die Bewertung war mit einer 6c+ nicht so schwer, wie ich immer gedacht hatte, und auch der Führer machte einem den Mund wässrig: »Alles in allem ist die *Directe Américaine* eine Big-Wall der Extraklasse, wie es in den Alpen wohl nur wenige gibt. Ein Traum für erfahrene Alpinisten – das Sahnehäubchen einer Kletterkarriere!« Bertl wollte sie unbedingt klettern. »Das schaffen wir schon, und die Route ist doch ganz gut abgesichert.« Na gut. Warum nicht probieren? Nervös war ich trotzdem. Eine Tour in dem Ausmaß, eine der großen sechs Nordwände der Alpen, unten Fels und weiter oben Mixed-Gelände –

das hatte ich bis dahin noch nie gemacht. Um möglichst gut vorbereitet zu sein, nahmen wir uns für das Packen unserer Tourenrucksäcke dann sehr viel Zeit. Äußerst penibel sortierten wir unsere Ausrüstung, um sicherzugehen, dass wir alles dabeihatten, aber dennoch kein Gramm zu viel einpackten. Wir überlegten lange hin und her, mit welcher Taktik wir die Tour angehen sollten, welche Seile wir mitnehmen mussten und was für Übernachtungsgepäck wir brauchten.

Schließlich fuhren wir mit der Zahnradbahn zum Montenvers und mit der Seilbahn Richtung des Mer de Glace. Die Aiguille du Dru und das Mer de Glace sind ein trauriges Paradebeispiel für die Auswirkungen des Klimawandels. Da sich der Gletscher schon so massiv zurückgezogen hat, führen zahlreiche Stahltreppen bis zum Gletscherbecken hinunter, über die nun Massen von Touristen und wir mit unseren schweren Rucksäcken hinuntermäanderten. Unten angekommen, marschierten wir nach hinten durch zur Moränenwand. Früher gab es hier einen behelfsmäßigen Klettersteig, der aber zerstört wurde. Durch längere Recherchen hatten wir herausgefunden, dass eine neue, aber schwer zu findende Kletterroute installiert worden war – drei Seillängen im fünften Schwierigkeitsgrad, um die Gletschermoräne zu überwinden und um auf den originalen Zustiegsweg zu gelangen. Oben kämpften wir uns durchs Gebüsch und erreichten erst am späten Nachmittag den Wandfuß, wo wir unter der atemberaubenden riesigen Nordwand biwakierten.

Am nächsten Tag brachen wir im Dunkeln auf und waren bereits in der Morgendämmerung am Einstieg. Am Beginn der Tour fanden wir einige Bohrhaken vor. Die Risse waren schön zu klettern, wir kletterten überschlagend und kamen gut voran. Auf einmal waren keine Bohrhaken mehr da und die Routenführung war nicht mehr eindeutig. Ich war gerade im Vorstieg und entschied mich für eine Verschneidung, da die Felsstruktur gut auf die Beschreibungen passte und ich auch ein paar Schlingen und Schlaghaken fand. Ich kletterte munter weiter - und verstieg mich völlig. Bertl schimpfte: »Du bist falsch!«, und ich musste zurück. Zusammen seilten wir zu einem anderen Stand ab. Bertl schob mir den Schwarzen Peter zu: »Über eine Stunde haben wir damit jetzt verloren!« Wir diskutierten herum: Sollten wir wieder komplett abseilen oder hatten wir noch genügend verbleibende Zeit, um weiterzuklettern? Wir waren zwar für eine weitere Nacht in der Wand ausgerüstet, aber am liebsten wäre es uns gewesen, noch an diesem Tag aus der Route auszusteigen. »Hilft nix, lass uns weitergehen! Müssen wir halt Gas geben.« Bertl pflichtete mir bei: »Genau. Wir haben doch schon ganz andere Sachen zusammen gemeistert.«

Es lief dann auch ganz gut. Zwar waren die folgenden Seillängen durchaus fordernd, aber wir fanden ausreichend Möglichkeiten, um Sicherungen zu legen. Die Linie war klar und die Kletterei an Rissen und Verschneidungen über graue Granitplatten machte Spaß. Wir waren allein in der Tour und konnten unser Tempo klettern. Zwischendurch kam sogar die Sonne durch und sorgte für angenehme Temperaturen.

Stück für Stück arbeiteten wir uns weiter zum *Bloc Coincé* – ein richtig schöner und ziemlich großer Felsblock. Eigentlich ein perfekter Biwakplatz, aber die Sonne stand noch hoch und wir wollten weiter zur 90-Meter-Verschneidung: links und rechts aalglatte Wände und innen ein schmaler Riss, in den man höchstens ein paar Finger hineinbekommt. Es waren Bertls Seillängen, die er souverän vorstieg – worüber ich auch ganz froh war. Es war kaum möglich, mit den Füßen genügend Reibung aufzubauen, um stabil zu stehen und die Arme zwischendurch zu entlasten. Und allmählich spürte ich meine Erschöpfung durch die vorangegangenen Seillängen.

Wir erreichten den ursprünglichen Bonatti-Pfeiler. 1997 und 2003 stürzten hier Tonnen von Gestein runter, weshalb die originale Routenführung nicht mehr existiert. Wir mussten deshalb nach links raustraversieren. Die eigentliche Kletterschwierigkeit sollte nun vorbei sein.

Die Querung war schon von Weitem zu sehen: Nach einer Verschneidung mit kleinen Rissen reihten sich an einer glatten Wand Haken an Haken, darüber wölbten sich herausstehende Felsbäuche. Wir aber standen hier an einer noch viel glatteren Wand ohne auch nur einen einzigen Haken! Laut Führer sollte sich hier eine »A0-Stelle« befinden, das heißt, man kann die Schwierigkeit durch »technisches« Klettern – sprich: den Griff in die Express-Schlinge – verringern. »Das schaffen wir locker«, dachten wir uns. Aber dann suchten wir verzweifelt die Wand ab: »Wo geht's hier denn lang? Da ist nichts.« Es gab nichts zu greifen, nichts zu treten. Bertl probierte herum. »Er muss es unbedingt schaffen«, hämmerte es in meinem Kopf, »ich komme da nie rauf!«

Es verging eine Viertelstunde. »Ich kann einfach nichts sehen!«, schimpfte Bertl. Er stellte sich auf seine Zehenspitzen und stocherte blind mit einem Keil weiter oben über seinem Kopf herum. Mit Mühe und Not schaffte er es schließlich, den Keil in einen feinen, nicht einsehbaren Riss zu versenken. »Keine Ahnung, ob der hält …« Ich sprach ihm Mut zu und er gab ganz langsam Zug auf den Keil und zog sich hinauf. Der Keil hielt. Bis heute verstehe ich nicht, wie die Überwindung der Stelle gedacht ist. Und in dem Moment war es mir ein Rätsel, wie ich hinterherkommen sollte: Bertl war gute 20 Zentimeter größer als ich und hatte den wackeligen Keil, an dem er sich hochgezogen hatte, gleich wieder mitgenommen. Wie sollte ich denn da drüberkommen?

Bertl hatte indes die eindrückliche, sehr exponierte Querung erreicht. Die Haken entpuppten sich als uralte rostige Stifte mit rostigen Karabinern. Bertl band daraufhin jeden Stift mit einer Bandschlinge ab und hängte eine weitere Schlinge als Tritt ein. Im Seil hängend und in einer Schlinge stehend arbeitete er sich zum jeweils nächsten Haken und zur nächsten Schlinge vor. Es war wirklich furchteinflößend, dem alten Material vertrauen zu müssen. Der Wind blies stark und unter ihm ging es Hunderte von Metern fast senkrecht auf den Gletscher hinunter. Als er endlich drüben war, stellte er sich auf einen eckigen Felsblock – ich konnte ihn von meiner Position gerade noch erspähen – und jubelte lauthals zu mir herunter ... Mit dem Seil von oben eierte ich schließlich im Nachstieg die schwierige Stelle hinterher. Das Technoklettern in der Querung wiederum machte mir großen Spaß und bei Bertl angekommen konnte ich zum ersten Mal einen Blick ums Eck in den schattigeren Teil der Nordwand werfen ...

Nun befanden wir uns also in der *Allain-Leininger-Route*, die sich weniger eindeutig zeigte. Es wurde blockiger und die Linie war schlechter zu lesen. Und es wurde langsam Abend. Wir packten die Stirnlampen aus und befestigten sie am Helm. Fieberhaft suchten wir nach einem Biwakplatz. Und wieder einmal hatten wir Glück und fanden im letzten Moment eine Stelle auf einem abschüssigen Band. Es war von der Sicherung her nicht optimal, aber wir genossen nach dem langen Tag unser Gourmet-Highlight – nobelstes Tütenessen, sogar mit Crema Catalana als Nachspeise und einem Stückerl Schokolade. Von weit unten im Tal glitzerten die Lichter von Chamonix zu uns herauf. Da lagen wir nun inmitten dieser imposanten Wand und blickten auf den Tag zurück. Angesichts der großartigen Szenerie fühlten wir uns ganz klein. Durch unseren Erfolg an diesem Tag irgendwie aber auch ganz groß. Glücklich schliefen wir ein.

Es wurde früh hell. Ich erwachte und stellte erst mal fest: »Woa, ist das kalt!« Jetzt raus aus dem warmen

Schlafsack zu schlüpfen würde einige Überwindung kosten. Aber es half nichts: »Raus aus den Federn! Lass uns schnell Tee kochen und dann los, wärmer wird's erst mal nicht!«

Das Klettern war unangenehm und das Gelände doch noch steiler als gedacht. Die Sonne kam nicht in die Wand und es lag Schnee – zu viel für die Kletterschuhe, zu wenig für Steigeisen. Aber wir wären sowieso nicht adäquat ausgerüstet gewesen. Aus Gewichtsgründen hatten wir zu zweit nur ein Alu-Leichtsteigeisen und einen Leichtpickel dabei. Hätte es wirklich Eis in der Wand gehabt, wären wir völlig aufgeschmissen gewesen. Es war eiskalt. Ich hätte am liebsten dickere Handschuhe angezogen, aber dafür waren die Kletterstellen zu schwer. Ich spürte meine Finger immer weniger. Das Gelände forderte uns und wartete mit allem Unangenehmen auf: brüchiges Blockgelände, Platten und immer wieder Schnee. Irgendwie schafften wir es aber schließlich zur Gipfel-Madonna der Petite Dru. Wir freuten uns riesig! Bertls großer Traum und meine erste große Tour – es war anspruchsvoll und aufregend, zum Schluss ein Kampf, aber wir hatten sie geschaukelt!

Doch wieder erfuhren wir: Jede Tour ist erst vorbei, wenn man auch wieder unten ist. Um zurück zum Mer de Glace zu gelangen, mussten wir erst noch über den Z-Riss hinauf zur Grand Dru und dann an der Südwand über eine wilde Abseilpiste mit zum Teil abenteuerlichen, nicht immer gleich einsehbaren Ständen. Wir hatten ein Vollseil und eine Haul Line für unsere Rucksäcke. Wenn sich eines der Seile irgendwo verfangen hätte, wären wir nicht mehr runtergekommen. Uns fiel jedes Mal ein Stein vom Herzen, wenn beim Abziehen der Knoten kam. »Yes! Bitte, bitte jetzt auch noch das zweite Seil ...« Puh! Dann das Gleiche noch mal. Und noch mal. Und noch mal. Bis wir uns Stück für Stück zum Glacier de la Charpoua und von dort – mit unserer reduzierten Leichtausrüstung – noch über eine steile Firnflanke zur gleichnamigen Hütte runtergearbeitet hatten, wo wir uns endlich ein Bier gönnten.

NICHT ENDENDE GRATKLETTEREI: DER *INTÉGRALE DE PEUTÉREY* (2020)

Der Peutéreygrat ist mit 4500 Höhenmetern der längste Grat der Alpen. Er zieht in einer perfekten Linie über ständiges Auf und Ab als längster Anstieg auf den Mont Blanc, den höchsten Gipfel der Alpen. Er gehört zu den klassischen, eindrücklichen Touren mit alpiner Historie in den Alpen und ist ein beliebtes Fotomotiv. Gerade bei den Bergsteigern der älteren Generationen hat er einen Namen und ist weit über die Region bekannt.

2019 war ich beim Klettern auf dem Rifugio Torino, von wo aus man den Grat in seiner ganzen Länge besonders gut sehen kann. Ich war total fasziniert von seinem Anblick und musste immer wieder hinaufschauen. Zufällig war damals auch Raphaela Haug (ehemaliges DAV-Expedkader-Mitglied und Bergführer-Aspirantin) auf der Hütte, die den Peutéreygrat schon gemacht hatte. Ich unterhielt mich mit ihr und stellte ihr einige Fragen. Sie konnte uns fast von jeder Stelle am Grat etwas berichten – ich hatte den Grat schon immer mal wieder im Kopf gehabt, aber nach dem Gespräch rückte die Tour auf meiner Tourenwunschliste ganz weit nach oben.

Im August 2020 entdeckten dann mein Tourenpartner Matti und ich auf dem Instagram-Account eines Bekannten, das dieser kurz zuvor die Tour gegangen war. Auf seinen Fotos sahen die Verhältnisse recht passabel aus. Ich rief ihn an und er bestätigte mir, dass es zwar sehr wenig Schnee hatte, der Grat aber ganz gut zu begehen war. Als wir von Raphaela Haug und Finn Koch noch ein von ihnen selbst geschriebenes Topo erhielten, sahen wir unsere Chance gekommen.

Nach einer etwas komplizierten Anreise mit dem Bus starteten wir am Campingplatz im Val Vény. Die Sonne brannte vom Himmel, es war brüllend heiß und wir ächzten unter unseren riesigen Rucksäcken. Sie waren bis oben gefüllt mit Kletter- und Eismaterial sowie Essen und Wasser für vier Tage. Immer steiler ging es bergauf. Über einen klettersteigähnlichen Weg erreichten wir schließlich ein Hochplateau und querten zur Biwakhütte Borelli-Pivano: ein schöner, alter italienischer Holzbau, der sich unter einem Vorsprung an die Felswand schmiegt. Niemand war da und wir hatten die Hütte für uns. Wir richteten uns etwas ein und genossen unsere Sandwiches im letzten Sonnenlicht. Dann legten wir uns ins Bett. Wir waren sehr gespannt darauf, wie es die nächsten Tage wohl werden würde, und machten uns noch einmal viele Gedanken über unsere Taktik.

Wir schliefen bereits, da rumpelte es auf einmal: Zwei Männer standen in der Hütte, den Stimmen nach Italiener. Einer der beiden kramte zwischen unserer bereits für den nächsten Tag bereitgelegten Ausrüstung herum. Wir fuhren hoch und pfiffen sie an: »Hey, was macht ihr da?« Es stellte sich heraus, dass sie auch zum Peutéreygrat wollten, aber den Aufsatz ihres Campingkochers vergessen hatten und unseren wohl »leihen« wollten. Nach einem kurzen, hitzigen Hin und Her realisierten sie, dass es keinen Sinn hatte, ohne Kocher in solch eine Tour einzusteigen. Einer der beiden joggte dann tatsächlich noch einmal zurück zum Auto, um ihren Kocheraufsatz zu holen.

Unser Wecker klingelte frühmorgens. Die Italiener waren schon drauf und dran, die Hütte zu verlassen. Sie hatten es scheinbar eilig. Nach einem kleinen Frühstück machten auch wir uns auf den Weg zum Einstieg. Raphaela hatte uns nicht nur ihr Topo mitgegeben, sondern auch einige sehr hilfreiche Tipps: Sie selbst hätten trotz der recht einfachen Seillängen im unteren Bereich gleich die Kletterschuhe angezogen und seien dafür sehr viele Seillängen seilfrei gegangen. Das ist ja eher ungewöhnlich, aber es war ein super Tipp, da wir dadurch schnell vorankamen. Zum Hindernis wurde eher immer wieder mal unser Gepäck. Kurz vor der Punta Ottoz verlief die Route durch eine Verschneidung und schließlich durch ein Felsdach im sechsten Schwierigkeitsgrad – die

Schlüsselstelle der Tour. Nur mit Mühe und Not schaffte ich es, den Überhang zu durchsteigen: Mein schwerer Rucksack zog mich so stark nach hinten weg, dass ich fast aus der Route gefallen wäre.

Wir arbeiteten uns von Köpferl zu Köpferl zur Aiguille Noire de Peutérey weiter – was richtig Spaß machte, aber seine Zeit brauchte. Mich beeindruckt bis heute, dass wir an diesem Tag satte 50 Seillängen mit unseren schweren Rucksäcken kletterten. Auf der ganzen langen Strecke ging es permanent auf und ab, immer wieder mussten wir zwischendurch auch abseilen und die Routenfindung war nicht immer einfach. Aber wir waren einfach im Flow, funktionierten optimal als Team und es machte riesigen Spaß. Und auch die anschließende Abseilpiste Richtung Brèche des Dames Anglaises, von der es einige Schauermärchen gibt, lief komplikationslos.

Am Ende der letzten Abseillänge stießen wir zum ersten Mal in der Route auf Eis: In einem Riss neben uns steckte ein harter Klotz. »Da nehmen wir was mit, dann haben wir noch mehr Wasserreserve!«, rief ich, schnappte mir meinen Leichtpickel und hackte am Seil hängend mühevoll auf das Eis ein. Es war sehr hart und ich kam ordentlich ins Schwitzen. Matti fand diesen »Gewaltakt« so belustigend, dass er anfing, mich zu filmen. »Laura, lass schnalzen!« Übertrieben fluchte ich vor mich hin und wir blödelten noch etwas herum. Endlich lösten sich nach und nach ein paar Brocken. Wir sammelten sie ein und steckten sie in einen Packsack.

Kurz darauf fanden wir einen kleinen, einigermaßen ebenen und steinschlagsicheren Platz und schlugen dort unser Lager auf. Als wir bereit für die Nacht in den Schlafsäcken lagen, knipste ich meine Stirnlampe aus und legte sie griffbereit neben meinen Schlafsack – ein fataler Fehler: Als ich sie am nächsten Morgen anmachen wollte, war sie nicht mal mehr zu einem Flackern bereit. Es war ihr vermutlich zu kalt gewesen ...

Und es ging unerfreulich weiter: Es gab keine Haken mehr, dafür umso mehr loses Gestein. Anders als in den Beschreibungen von Raphaela und Finn fanden wir keine Schneerinnen zum Hochstapfen vor, sondern nur bröselige Schotterrinnen, durch die wir uns nach zwei angsteinflößenden Abseilern mit größter Vorsicht emporarbeiteten. Irgendwann stießen wir auf das graue, halbrunde Bivacco Piero Craveri. Es war erst halb neun. Wir warfen einen kurzen Blick in das graue Stahlhüttchen und setzten uns dann für eine kleine Pause auf die Felsen davor. Die Sonne wärmte unser Gesicht und wir genossen diesen Moment der kurzen Entspannung, bevor wir wieder weitermussten.

Wir krochen durch einen Steintunnel und kletterten anschließend einige Stunden über Blockgelände, durch Rinnen und über Rippen, mal schwerer, mal leichter, mal gesichert, mal nicht – bis wir die Aiguille Blanche de Peutérey auf 4112 Metern erreichten. Wie ihr Name schon sagt, liegt hier immer Schnee und ein sehr formschöner Firngrat zieht vom Südgipfel wie ein Halbmond hinüber zum Nordgipfel. Er wird oft fotografiert und stellt einen der bekanntesten Abschnitte des Peutéreygrats dar, der auch von weit unten gut zu sehen ist. Genussvoll stapften wir ihn entlang und freuten uns über die Abwechslung.

Dann standen wir drüben und schauten die dunkle Wand zum Col de Peutérey hinab, zu dem wir abseilen mussten. Wir suchten die Felsen ab. »Wo ist nur dieser verflixte Haken?«, rief ich Matti zu, »ich kann nichts finden.« Laut unseren Notizen sollte sich hier ein solider Bohrhaken befinden. »Ich auch nicht.« – »Aber irgendwie müssen wir da runter!« Das Einzige, was wir schließlich fanden, war ein Stand mit alten Schlaghaken. Mit etwas Unbehagen begannen wir, uns daran abzuseilen. Nach gut 20 Metern sahen wir ein paar Schlingen. »Schau, vielleicht geht's da weiter!« Matti seilte sich zu den Schlingen ab, blieb aber mit seiner Prusikschlinge noch am Seil. Ich kam hinterher. Der Standplatz bestand aus zwei Schlaghaken. Als ich mich gerade mit meiner Standplatzschlinge an einem der beiden Haken einhängen wollte, bemerkte ich, dass er wackelte. Matti holte seinen Pickel hervor und schlug einmal kräftig auf den Haken. Plopp, da fiel uns der andere Haken daneben entgegen. Na prima. Zum Glück hatten wir das Seil noch nicht abgezogen! »Hier haben wir nichts verloren!« Wieder suchten wir herum. Irgendwo musste es doch eine Möglichkeit geben ... Wir tasteten uns weiter und hatten Glück: »Matti, da!« Endlich fanden wir einen soliden Bohrhaken und damit auch die eigentliche Abseilroute. Unten am Col angekommen, blies uns ein scharfer Wind ins Gesicht. Im Schnee waren Spuren eines Biwaks zu sehen. »Ich bleib hier nicht!« Matti stimmte mir zu. Es war extrem kalt und für ein Biwak im Schnee waren wir nicht ausgerüstet. »Dann packen wir eben die Wand zum Grand Pilier d'Angle noch an!«

Auch hier hatte der Klimawandel seine Spuren hinterlassen. Schon der Einstieg vom Gletscher in den Fels war schwierig und unangenehm. Was dann folgte, war gruselig: Riesige massive Granitplatten wechselten sich mit etwas flacheren Sand- und Kiesbändern ab. Und was von unten noch ganz kompakt und solide ausgesehen hatte, entpuppte sich als fragil aufliegende Platten in extrem steilem Gelände. Uns wurde mulmig zumute. Wir hätten uns gerne gesichert, aber es gab kaum Möglichkeiten, solide Sicherungen anzubringen, was eher gegen das Sichern sprach. Und wieder bekamen wir es zu spüren, dass wir spät in der Saison unterwegs waren: Schnee und Eis hätten die Situation um einiges einfacher gemacht.

Uns blieb nichts anderes übrig, als viele Passagen ohne Sicherung zu begehen. Nur ab und zu boten sich mehr oder weniger solide Standplätze an. Wir sprachen kaum. Wir mussten nicht aussprechen, was beiden offensichtlich war: Wenn hier etwas kollabiert, ausbricht oder einer von uns ausrutscht, wäre er weg. Diese Wand kostete uns nicht nur nervlich, sondern auch zeitlich einiges. Um durchzuhalten, zog ich beim nächstmöglichen Stand meine »Notfall-Gummibärchen« mit Koffein aus der Tasche. »Hier!« Matti nahm sie dankend an. Sie geben nicht nur einen Energieschub, sondern tun auch der Seele gut. Wie immer war Matti aber ganz die Ruhe in Person. Es ist eine seiner größten Stärken, sich in extremen Situationen zu fokussieren und trotzdem die Gesamtlage im Blick behalten zu können. Er strahlte eine Sicherheit aus, die auch mir half, ruhig zu bleiben und weiter das Positive zu sehen. Ein Zurück gab es sowieso schon lange nicht mehr. Wir mussten weiter. Wir suchten uns die leichteste Linie, kamen so immer weiter westwärts und ließen den Gipfel des Grand Pilier d'Angle rechts liegen.

Kurz vor dem Grat zum Mont Blanc de Courmayeur gönnten wir uns erst mal auch noch unsere »Notfall-Cola«. Die pushte mich so sehr, dass ich ganz euphorisch zu Matti sagte: »Weißt was, jetzt gehen wir den Firngrat auch gleich noch!« – »Meinst wirklich?« – »Ja, das schaffen wir! Das schaut doch nicht mehr so weit aus, in eineinhalb Stunden sind wir oben am Gipfel des Mont Blanc! Dann haben wir unsere Ruhe und müssen nur noch hinten runterwackeln.« Ich wollte es jetzt einfach schnell hinter uns bringen. Wir waren auf über 4200 Metern Höhe und hatten nur eine sehr dünne Biwak-Ausrüstung dabei. Die Nacht hier verbringen zu müssen gefiel mir gar nicht. Matti hielt kurz inne und sagte dann zu meinem Erstaunen: »Nein.« – »Wie, nein?« – »Das ist keine gute Idee, das machen wir jetzt nicht! Einfach so aus dem Affekt heraus, nur damit wir es abschließen.« Er meinte, wir seien gerade gar nicht in der Lage, eine gute Entscheidung zur treffen. Wir hätten an diesem Tag alles gut geschafft, aber für die letzten Meter bräuchten wir auch noch mal psychisch wie physisch ausreichend Spannkraft: »Außerdem geht deine Stirnlampe nicht. Ich bin dafür, dass wir hier biwakieren.« In mir sträubte sich alles, aber seine Bestimmtheit ließ auch in mir Zweifel wachsen. »Okay, wenn du meinst.« Zumindest Essen und Trinken hatten wir genug. Wir zogen uns alles an, was wir in unseren Rucksäcken fanden, breiteten einen zusätzlichen Notfall-Biwaksack über uns aus und überstanden die Nacht so einigermaßen.

Noch etwas steif von der Kälte stiegen wir am Morgen in den Firngrat ein. Jeder von uns hatte einen Leichtpickel und eine Eisschraube dabei. Bei den Steigeisen hatten wir uns für eine etwas stabilere Variante entschieden. Die Firnauflage war so dünn, dass wir uns meist nur auf den Spitzen der Steigeisen fortbewegen konnten. Meine Waden glühten. Es gab kaum eine Möglichkeit zum Rasten. Und da war er wieder, der Gedanke: »Ein Fehltritt und du liegst unten auf dem Brenva-Gletscher.« Was war ich heilfroh, dass wir am Vortag nicht weitergegangen waren! Ich mochte mir gar nicht vorstellen, wie es gewesen wäre, in diesem Gelände bei Einbruch der Dunkelheit und ohne Stirnlampe herumstochern zu müssen ... Ich war Matti unheimlich dankbar für seine klare Entscheidung. Er hatte so einen Weitblick gehabt und so gut entschieden! Jetzt bei Tageslicht war es anspruchsvoll und anstrengend, aber machbar.

Nach gut eineinhalb Stunden trafen wir auf eine große Gipfelwechte. Wir zogen uns darüber und ich rief begeistert: »Geil, endlich ist es flach! Das muss das Plateau vom Courmayeur sein!« Im selben Moment blies uns ein so gewaltiger Wind um die Ohren, dass wir kein Wort mehr voneinander verstanden. Aber es spielte keine Rolle, wir waren oben! Wir fielen uns in die Arme und freuten uns so unglaublich, dass wir diese geniale Linie von 4500 Höhenmetern geschafft hatten! Der Peutéreygrat vereint alles, was wir als Bergsteiger lieben: einen kurzen Zustieg, tagelange Abgeschiedenheit, ganz viel Kletterei, abwechselndes Gelände, einen perfekten Firngrat und grandioses Panorama. Es gab auch einige knifflige und herausfordernde Stellen, die uns durchaus mal an unsere Grenzen gebracht hatten – doch genau das gehört für uns zu einem großen Bergabenteuer dazu!

AM SEIL VON PROFIKLETTERERN: MIT DEN HUBERBUAM AM BROUILLARD-PFEILER (2021)

Alexander und Thomas Huber sind wie ich adidas-TERREX-Athleten. Im Zuge der Planungen der Kampagne *United by Summits* entwickelte sich die Idee, gemeinsam mit den Huberbuam ein Projekt zu verwirklichen: eine Kletterroute, die mir eigentlich als nicht machbar erscheint, die ich aber mit den beiden Topkletterern wagen würde. Ein Film sollte den Weg zu meinem persönlichen Gipfelmoment dokumentieren.

Ich war begeistert! Die Idee spiegelte genau meine Herangehensweise an neue Projekte. Aber ich hatte auch großen Respekt davor. Zwar hatte es sich im Jahr davor zufällig ergeben, dass Thomas mich in die *Unendliche Geschichte* am Untersberg mitnahm – bei der Tour im achten Schwierigkeitsgrad wechseln sich schwere und leichtere Seillängen ab, sodass wir gut überschlagend klettern konnten. Aber nun mit Thomas UND Alexander eine richtig schwere Route begehen – wie sollte das funktionieren, ohne dass sie mich nur hinterherziehen würden?

Ich machte mir viele Gedanken. Es musste ja schon etwas Spektakuläres sein, zum Beispiel eine der großen Nordwände wie die der Grandes Jorasses oder des Eigers. Aber einen Film in einer objektiv gefährlichen Nordwand drehen, für die mittlerweile nur noch sehr selten die richtigen Verhältnisse herrschen? Nach längerem Hin- und Herüberlegen fiel die Wahl auf den Frêney-Pfeiler auf der Südseite des Mont Blanc und wir planten ein Zeitfenster von vier Wochen im August 2021 dafür ein.

Dann hieß es aber von mehreren Stellen, dass die Risse im Frêney-Pfeiler noch vereist waren. Daraufhin telefonierten Thomas, Alexander und ich mehrfach hin und her, um uns zu beratschlagen. Irgendwann war aber klar: Die Verhältnisse passten nicht, den Frêney-Pfeiler konnten wir nicht machen. Die Überlegungen gingen von vorne los. Ich schlug dann die Überschreitung der Grandes Jorasses vor. Doch die Brüder waren wenig begeistert: »Nein, nein, das haben wir bei unserer Bergführerausbildung gemacht, das ist ja nur eine Wandertour! Nein, also das können wir wirklich nicht machen.«

Und ich: »Oh Gott ... Ja, was habt ihr dann für einen Vorschlag?« – »Wir könnten zum Grand Capucin, da gibt's so schöne steile Fels-Routen!« Und ich wieder: »Na! Spinnt ihr? Da sind ja nur Touren im oberen achten Grad! Da könnt ihr mich ja nur hinterherziehen. Wie soll das denn ausschauen? Das können wir wirklich nicht machen! Und eine gewisse Ausdauerkomponente fände ich schon auch ganz schön.«

Daraufhin fuchste sich Alexander noch einmal richtig in die Tourensuche hinein und wurde schließlich fündig: Am Brouillardgrat gäbe es solche Pfeiler, unter anderem auch den Brouillard-Pfeiler mit der Bonington-Route von 1965. Davon hatte ich noch nie gehört. »Gibt's da ein Topo?« – »Nein, nicht so wirklich. Aber das ist eine logische Linie, da finden wir schon hinauf.« – »Okay ...!?«, antwortete ich etwas unsicher, aber Alexander und Thomas waren sich einig: »Ja, das machen wir jetzt!«

Der Gedanke, ohne jegliche Beschreibung unterwegs zu sein, verunsicherte mich ziemlich. Es wäre das erste Mal, dass ich, ohne den Verlauf und eine Schwierigkeitsbewertung zu kennen, in eine schwere Route einsteigen würde. Da mich die Südseite des Mont Blanc aber schon immer faszinierte – dort gibt es die noch wilderen Touren, es ist einsamer und nicht so erschlossen – und mir der Gedanke gefiel, am höchsten und mit am meisten bekannten Berg der Alpen noch weitere Abenteuer erleben zu können, sagte ich zu.

Um unser Vorgehen zu besprechen, nicht zuletzt aber um uns noch zu akklimatisieren, trafen wir uns schließlich auf dem Rifugio Torino, das mit einer Seilbahn erreichbar ist. Ich war sehr gespannt darauf, wie die Huberbuam vorgehen würden. Ob sie als Training beispielsweise noch über den Gletscher joggen würden. Alexander schaute mich irritiert an und meinte: »Ich jogge nirgends hin, ich habe gar keine Bergschuhe dabei.« – »Wie, du hast keine Bergschuhe mit?« Nein, er würde sich passiv akklimatisieren und jetzt seine Büroarbeiten erledigen. Ich dachte mir ja schon, dass sie als Kletterer keine großen Ausdaueraktionen starten würden, und bewiesenermaßen ist es für die Akklimatisation auch nicht entscheidend, ob man sich in der Höhe belastet oder nicht. Aber es war schon interessant festzustellen, dass die Profikletterer so ganz anders tickten, als ich dachte.

Dann entdeckte ich noch einen dunkelgrauen Koffer bei ihm. »Was hast'n da dabei, etwa einen Ziehorgelkoffer?« Das war eigentlich als Scherz von mir gedacht. »Ja, ich muss üben, ich komm daheim auch nicht so oft zum Spielen.« Ich konnte es nicht fassen: Hatte er da doch tatsächlich sein Akkordeon dabei! Es war toll, später hat er wunderbar aufgespielt. Aber lustig war es schon auch, waren wir doch wie die »Obertouristen« dort hinaufgefahren: ich mit Yogamatte und Ohrstöpsel, die anderen mit Schläppchen an den Füßen, dem Laptop in der einen und dem Akkordeonkoffer in der anderen Hand.

Dann fixierten wir den geplanten Ablauf: Vom Val Vény würden wir zuerst zum Rifugio Monzino und dann zum Biwak Eccles unter die Wand hineintraversieren. Über den Brouillard-Pfeiler - ein reiner Felspfeiler, der weiter oben in ein Mixed-Gelände übergeht - würden wir auf den Brouillardgrat gelangen und schließlich weiter zum Mont Blanc de Courmayeur bzw. zum Mont-Blanc-Hauptgipfel gehen. Das Filmteam sollte uns dabei den kompletten Aufstieg bis zum Bivacco Eccles begleiten. Anschließend wollte es sich mit dem Hubschrauber in den Pfeiler hineinfliegen lassen, um sich von mobilen Ständen an Fixseilen zu uns abzuseilen. Im oberen, flacheren Teil des Pfeilers sollten sie dann wieder mitkletterten. Das Ziel war, dass wir uns bei Sonnenuntergang am Hauptgipfel des Mont Blanc in den Armen liegen würden …

Ich fand es sehr faszinierend, mit Alexander und Thomas zusammen unterwegs zu sein. Auch wenn sie sich ja selbst als »Paket« vermarkten, sind sie zwei völlig unterschiedliche Männer, die zwar gewisse Ähnlichkeiten, aber einen jeweils ganz anderen Charakter haben. Alexander ist wie ein Lehrer oder Papa, der einem in aller Seelenruhe alles erklären kann. Er besitzt ein großes Wissen, egal, ob man ihn übers Klettern, die Natur, Höhenmedizin oder über politische Systeme befragt. Und Thomas ist der total empathische, herzliche Mensch, der sehr viel seinem Gefühl vertraut. Das macht es sehr angenehm, mit ihm unterwegs zu sein, denn er merkt schnell, wie es seinem Tourenpartner geht.

Und immer wieder wurde ich von den beiden auf die eine oder andere Weise überrascht. Beim Aufstieg zur

Hütte meinte Thomas noch zu mir: »Musst aufpassen, der Alexander geht nicht so schnell.« – »Ja, okay!« Dann der Alex: »Laura, ich geh' wirklich nicht so schnell. Ich stresse mich da einfach nicht. Ich geh' mein Tempo.« Dann dachte ich mir: Ist ja kein Problem, dann gehen wir halt ein bisschen langsamer – und lief los. Irgendwann schaute ich zurück. Alexander war ein gutes Stück hinter mir. Ich fragte mich, was er da wohl trieb. »Musst du noch was am Handy machen?« – »Nein, ich gehe nicht schneller.« – »Wie jetzt?« – »Nein, kein Problem, weißt, ich gehe ganz gemütlich meine 300 Höhenmeter in der Stunde. Das sind 3000 bis zum Gipfel und dann bin ich in zehn Stunden auch oben.« Weil, Pause würde er keine machen und zum Essen und Trinken würde er nichts brauchen, da müsse man sich halt mal zusammenreißen. Das war eine echte Geduldsprobe für mich …

* * *

Nach der Nacht im Eccles-Biwak (oder auch Bivacco Lampugnani-Grassi) ging es dann so richtig los. Der Wecker klingelte um halb vier. Es war noch stockdunkel, als wir im Schein der Stirnlampen Richtung Brouillard-Pfeiler losmarschierten. Schlagartig kam die Anspannung, und je mehr wir uns der Route näherten, desto höher schien sie zu werden. Am Einstieg tauschten wir Bergschuhe und Steigeisen gegen unsere Kletterschuhe. Dann ging es los.

Über große Felsblöcke kletterten wir nach oben. Langsam dämmerte es und die ersten Felsspitzen hinter uns wurden in gelbes Sonnenlicht getaucht. Dann kamen wir an der eigentlichen Route an: eine orange-schwarz gesprenkelte Granitwand, gewaltig und steil, durchzogen von traumhaften Rissen und Schuppen.

Die ersten Seillängen kletterte Alexander vor. Langsam kam die Sonne in die Wand. Wir waren gerade am Stand und ich streckte mein Gesicht den wärmenden Sonnenstrahlen entgegen. Kurz schloss ich meine Augen: »Mei, ist das nicht schön, das erste Licht? Und unter uns das Wolkenmeer. Richtig schön!« Durch die Wärme und die souveräne Art der Brüder fühlte ich mich motiviert: »Jetzt bin ich mal an der Reihe!« – »Ja klar, jetzt steigst du mal vor. Das bekommst du gut hin!« Ich ließ mir noch ein paar Camalots (Klemmgeräte) geben, dann war ich bereit. »Du hast mich, Thomas?«

Die Seillänge bot traumhafte Schuppen zum Piazen, es war nicht schwer, das Klettern war eine echte Freude. Ich fand gute Tritte für die Füße. Die Schuppen allerdings klangen sehr hohl. Würden sie im Fall eines Sturzes aufplatzen oder waren sie so gut verwachsen, dass es ihnen gar nichts tun würde? Ich dachte die ganze Zeit nur: »Hoffentlich halten diese Schuppen!« Ich konnte es nicht gut einschätzen und war in dem Moment doch so sehr froh darüber, dass sich am Stand unten ein Bohrhaken befand – der einzige am gesamten Pfeiler, ansonsten war die Route clean.

So richtig anspruchsvoll wurde es aber erst oben raus. Ich kletterte von einer Schuppe in einen immer breiter werdenden Riss. Mir gingen die großen Cams aus. Ich beugte mich über die Schuppe und setzte einen gelben in den Riss. »Ich muss den unteren Cam wieder rausholen und mitnehmen, den brauche ich noch!«, rief ich mehr zu meiner Beruhigung als für Thomas und Alexander unten am Stand, streckte mich nach unten und holte ihn raus. Der Riss wurde immer breiter. Dann war ich mitten im Riss drin. Ich drückte mich an den Fels, versuchte mich irgendwie einzuklemmen und weiter nach oben zu stemmen und zu schieben. Mein Atem wurde schneller. »Was machen wir hier eigentlich?« Fluchend und schnaufend schob ich mich durch den *Offwidth* weiter. So nennt man einen Horror für Kletterer: breiter als ein Handriss, aber schmaler als ein Kamin. Es war unangenehm und machte nur bedingt Spaß ... Aber irgendwann hatte ich es geschafft.

Bei der Schlüsselstelle war Thomas vorne am Seil. Die Höhe war mittlerweile gut zu spüren. Jede Bewegung wurde schwerer. Wir entschieden uns, ohne Rucksäcke zu klettern und sie nachzuholen. Die Wand war glatt, durchzogen von einem Riss, der immer schmaler wurde. Thomas mühte sich ziemlich ab, an der glatten Wand eine Sicherung zu setzen. Fluchend versuchte er es dann mit einem Micro-Cam. »Wird schon halten«, nuschelte er vor sich hin. Ich warf einen Blick auf die Uhr und begann zu rechnen. »Langsam müssen wir aufpassen, dass wir da gut durchkommen«, dachte ich noch, dann war

Thomas am Stand und ich war an der Reihe, ihm nachzusteigen. Es war richtig schwer! Ich hatte nur noch Bewunderung für Thomas übrig. Ich kämpfte mich regelrecht nach oben. Alexander wiederum turnte recht entspannt hinterher. Es war wirklich imponierend, auf welchen Minitritten er stehen konnte! Er fand an einer augenscheinlich aalglatten Wand immer irgendwas, was er treten konnte. So langsam er beim Gehen war, so unglaublich schnell und effizient kletterte er diesen Pfeiler hinauf. »Okay, jetzt haben wir's dann gleich …«

Weit gefehlt! Als wir das Ende des Pfeilers erreichten, war es schon früher Nachmittag und über uns türmte sich brüchiges Blockgelände auf – wesentlich steiler als gedacht und kein Ende davon in Sicht. Wir hatten höchstens die Hälfte der Wand geschafft …

Wir begannen eine hitzige Diskussion mit dem Filmteam, das ja eigentlich mitklettern wollte. Doch vor allem Alexander sprach sich vehement dagegen aus: »Wir sind echt spät dran und außerdem schießen wir uns hier sonst gegenseitig mit Steinen ab!« Schließlich beugte sich das Filmteam und flog ab. Ihre Aufnahmen machten sie mit Drohnen – die absolut richtige Entscheidung, wie sich noch herausstellen sollte …

Ich war erst mal heilfroh, dass wir die schwerste Kletterei hinter uns hatten, und freute mich eigentlich auf das Mixed-Gelände. Doch wir hatten es völlig unterschätzt: Die Verhältnisse waren noch schlechter als zunächst gedacht. Es war sehr zeitaufwendig und anspruchsvoll, solide Stände zu bauen. Die Schneefelder waren viel zu aufgeweicht und auch die Wegführung war nicht eindeutig. Ständig wägten wir ab: War es besser, im Vollbruch zu gehen oder über steile, scheinbar unüberwindbare Passagen mit schlechten Sicherungsmöglichkeiten, dafür aber mit soliderem Gestein. Bei jedem Schritt bröckelte es und die Steine schossen nur so um uns herum.

Wir kamen bei Weitem nicht so schnell voran, wie wir gehofft hatten. Dann trafen wir auf einen Firngrat, der sich immer mehr aufsteilte. Der Schnee war total durchfeuchtet. Thomas war am Vorsteigen. Bei jedem seiner Schritte bröckelte Schnee in die Tiefe. Über den Schneegrat gebeugt, versuchte er mit dem Pickel auf der schon schattigen Ostseite Halt zu finden. Wir hatten riesige Angst, dass dieser ganze Schneeblock einfach kollabiert und mit uns abgeht.

Derweil schritt die Zeit voran. In meinem Hirn begann es zu rattern: Was hatten wir für ein Notbiwak dabei? Einen Biwaksack, aber keine Schlafsäcke ... Auch Thomas und Alexander waren sichtlich angespannt. Das lockere Filmdrehen und der reine Spaß waren vorbei. Die Situation war ernst. Es gab kein Handynetz mehr, was auch die Kommunikation mit dem Filmteam unmöglich machte. Sie flogen zwar noch ab und an mit den Drohnen um uns herum, aber wir hatten keine Ahnung, wo sie selbst waren.

Doch irgendwie kamen wir durch. Keiner von uns hatte wohl erwartet, dass der Tag noch so spannend werden würde. Als wir endlich oben ankamen, fielen wir uns erst einmal in die Arme: »Wir haben es geschafft!

Jetzt kommt nur noch der Brouillardgrat.« Im Vergleich zum Gelände davor kam uns dieser regelrecht entspannt vor – und vor allem bot er eine ganz klare Linie.

Es war gegen 20:30 Uhr, als wir auf das Filmteam trafen. Doch wegen der einbrechenden Dunkelheit war es gezwungen, kurz darauf ins Tal zurückzufliegen. Die geplante Schlussszene am Gipfel musste ausfallen. Der Hubschrauber flog davon und es kehrte die totale Stille ein. Wir waren die einzige Seilschaft am Gipfel des Mont Blanc de Courmayeur (4748 Meter). Durch die Höhe des Berges zog sich der Sonnenuntergang erstaunlich in die Länge: Während es unten im Tal schon dunkel war, war es bei uns oben noch relativ hell. Die Sonne war am Horizont gerade noch zu sehen und warf das letzte goldene Licht auf uns und das Wolkenmeer darunter. Da fiel die Anspannung der letzten Stunden von uns ab und noch einmal wurde uns bewusst, was wir die letzten Stunden gemeinsam erlebt und geschafft hatten! Zum ersten Mal an diesem Tag nahmen wir uns die Zeit, uns hinzusetzen, etwas zu essen und zu trinken und die beeindruckende Abendstimmung auf uns wirken zu lassen. Wir knipsten ein paar Fotos und wir wussten, auch wenn es dunkel wird, würden wir den Abstieg auf dem Normalweg ohne Probleme bewerkstelligen.

Gegen 22:00 Uhr erreichten wir dann den Hauptgipfel des Mont Blanc (4809 Meter). Es wehte ein leichter Wind. Während über uns schon die Sterne leuchteten, verabschiedete sich im Westen das letzte Licht in rötlichen Farben am Horizont. Es war einfach nur schön und wir fühlten uns in dem Moment wirklich vereint.

Kapitel 5
Ich suche die Herausforderung, nicht das Risiko

Ich greife mit der rechten Hand hoch und ziehe mein ganzes Körpergewicht über einen einzigen Griff nach oben. Sekundenbruchteile später gibt der Fels plötzlich nach. Bricht wie in Zeitlupe aus. Ich versuche nachzugreifen, woanders Halt zu finden. Aber auch der nächste Griff bricht mit aus. Schon zieht es mich nach hinten von der Wand weg. »Verdammt, das wird jetzt richtig weit! Hoffentlich hält der eine Friend!« Ich schlage ein paar Mal auf, falle kopfüber … Wie konnte das jetzt passieren? Ich poltere weiter und kann nichts dagegen tun. Bin völlig machtlos. Eine mir unbekannte Angst durchschießt meinen Körper und ich schreie.

Zum Glück hält die Sicherung. Als ich von einem Moment auf den anderen zum Stillstand komme, ist alles total ruhig. Im Seil hängend öffne ich langsam meine Augen und realisiere mit Erleichterung: Ich bin noch da! Wenn auch etwas benommen … Schritt für Schritt gehe ich meinen Körper durch: Kann ich alles spüren? Bewegen? Was tut weh?

Irgendwann dringt dumpf die aufgeregte Stimme meines Papas an mein Ohr. Ich gebe nur ein paar wirre Töne von mir, brauche noch Zeit für mich. Ich blute ein wenig, bin aufgeschürft, aber schlimmere Verletzungen habe ich wohl nicht. Nur mein rechter Fuß tut etwas weh. Irgendwann sammele ich mich und antworte meinem Papa, der krank vor Angst sein muss. Jetzt, da ich wieder halbwegs bei mir bin, merke ich, dass wir uns gut hören können, sehen kann ich ihn nicht. Ich hänge wohl rechts unterhalb von seinem Standplatz. Vorsichtig setze ich mich in Bewegung und kraxele langsam zu ihm nach oben auf ein Band. Wir setzen uns hin. »Es geht schon«, meine ich zu ihm, »lass uns weiterklettern, ich steige einfach nicht mehr vor.« – »Meinst wirklich?«, vergewissert er sich unsicher. »Doch, es passt schon.« Das Letzte, was ich will: die Rettung anrufen. Das kommt für mich nicht infrage. Ich stehe auf – und werde von einer starken Übelkeit übermannt. Wir denken noch kurz darüber nach, ob wir abseilen könnten. Dann beschließt mein Papa, den Hubschrauber zu rufen. Es hat einfach keinen Sinn, so zuwider ihm und mir das auch sein mag.

Mir wird kalt. Die Ankunft der Rettung dauert gefühlt eine halbe Ewigkeit. Mein Fuß schmerzt zunehmend und ich realisiere, dass es wohl doch das Richtige war, die Bergwacht zu alarmieren. Dann bricht der Gedankenstrudel los: »Morgen werde ich wohl nicht trainieren können. Wahrscheinlich auch nicht die nächsten Tage. Vielleicht sogar länger nicht?« Großes Entsetzen und eine verzweifelte Traurigkeit erfassen mich: »Ich

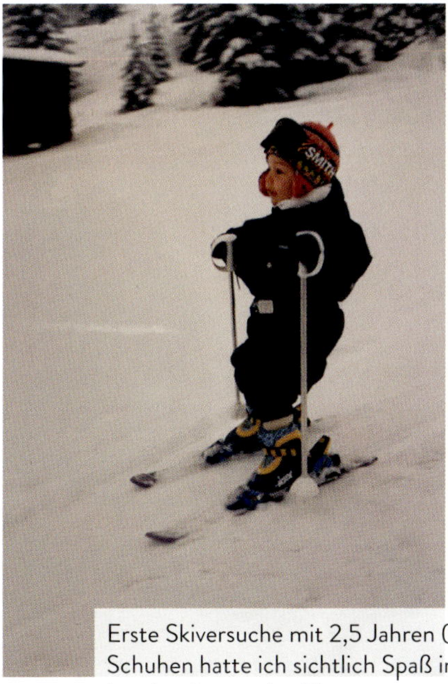

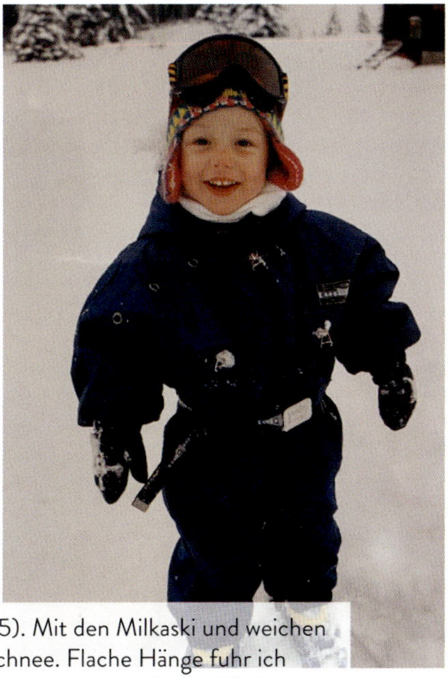

Erste Skiversuche mit 2,5 Jahren (1995). Mit den Milkaski und weichen Schuhen hatte ich sichtlich Spaß im Schnee. Flache Hänge fuhr ich bereits ohne meine Eltern ... am schlimmsten war das Stehenbleiben.

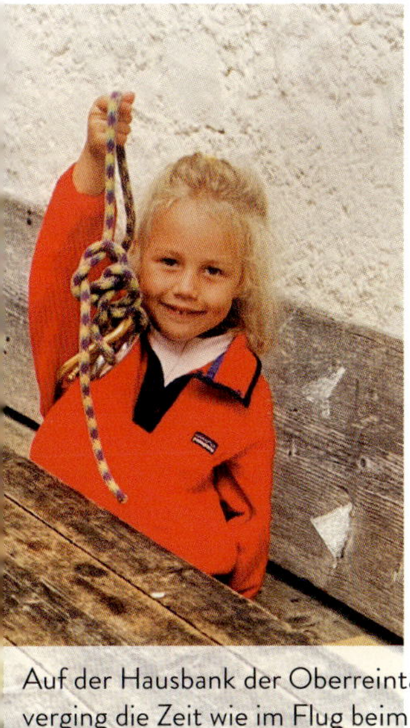

Auf der Hausbank der Oberreintalhütte verging die Zeit wie im Flug beim Spielen mit Seilstücken und Karabinern (1998). Auch die ersten Klettertouren mit meinem Papa ließen nicht mehr lange auf sich warten ...

... zum Beispiel beim Familienausflug auf die Ehrwalder Sonnenspitze, wo ich unter Beobachtung meines Vaters selbstständig klettern durfte (2001).

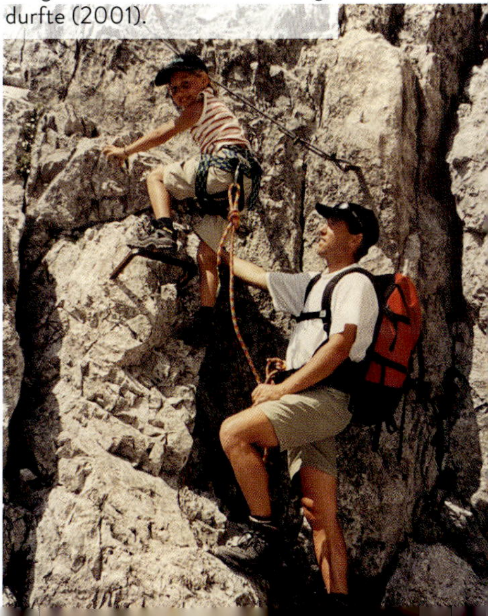

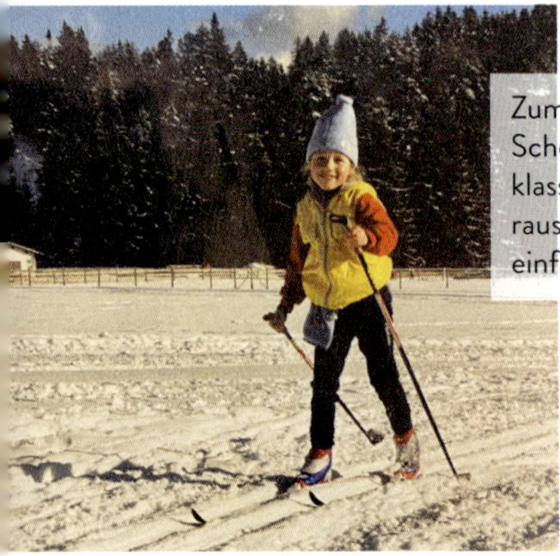

Zum ersten Mal auf Langlaufski (Leutasch, 2001). Schon an diesem ersten Tag fühlte ich mich in die klassische Spur verdonnert. Viel lieber wäre ich raus in die Skatingspur, mit freier Technik ging's einfach schneller.

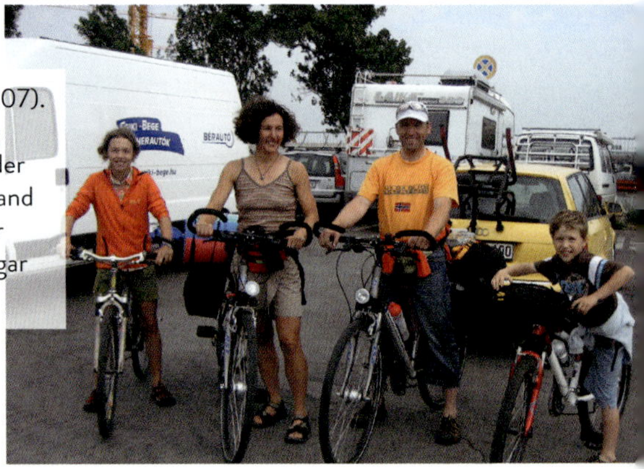

Familienurlaub in Griechenland (2007). Wir waren Vorreiter im Bikepacking und starteten von Venedig aus mit der Fähre. Unterwegs haben wir am Strand geschlafen und allerhand Abenteuer erlebt. Pirmin's Rad sollte später sogar im Hafenbecken schwimmen.

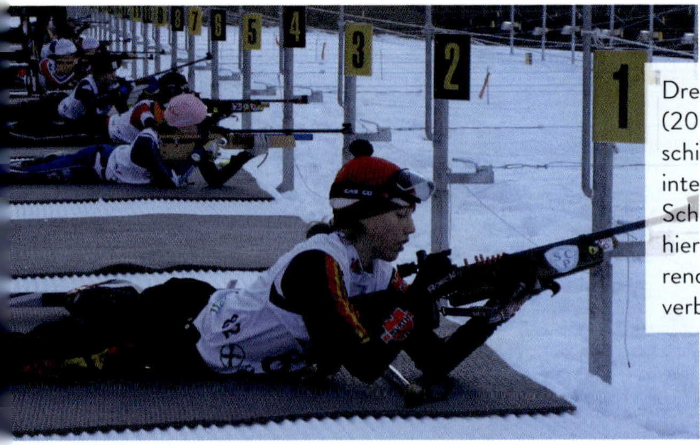

Dreiländervergleich im Martelltal (2008). Hier bin ich beim Anschießen vor einem meiner ersten internationalen Wettkämpfe im Schülerbereich. Geschossen wurde hier noch mit Luftgewehr, das während des Laufens am Schießstand verblieb. (© Helmut Heinrich)

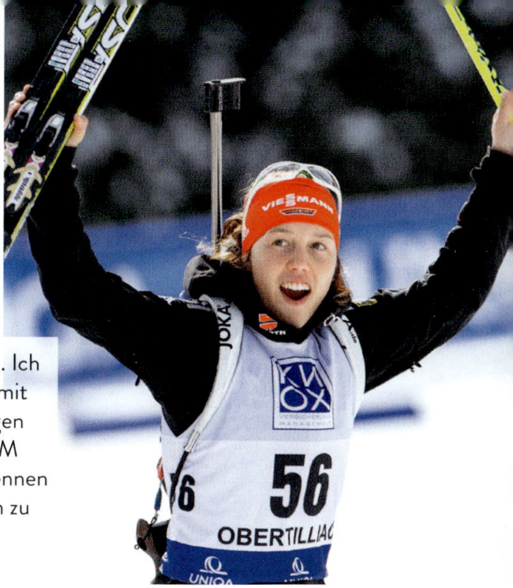

Junioren-WM in Obertilliach (2013). Ich holte den Sieg im Sprint, Einzel und mit der Staffel. Aufgrund dieser Leistungen durfte ich anschließend direkt zur WM nach Nove Mesto, ohne zuvor ein Rennen im IBU-Cup oder Weltcup bestritten zu haben. (© Ernst Wukits)

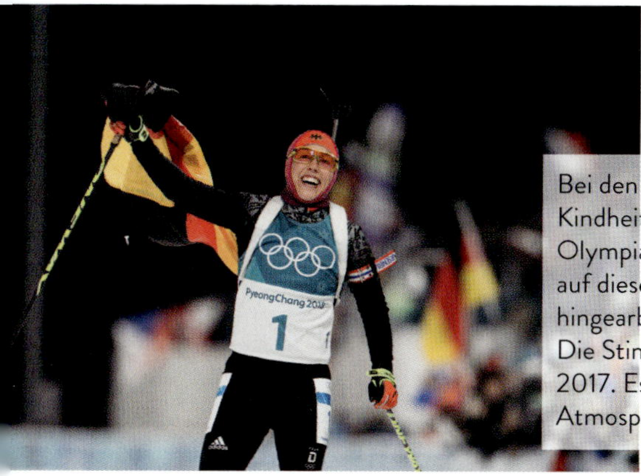

Bei den Olympischen Spielen 2018. Mein Kindheitstraum geht in Erfüllung! Ich werde Olympiasiegerin in der Verfolgung. Genau auf diesen Moment habe ich so viele Jahre hingearbeitet. Ich bin so dankbar und stolz. Die Stimmung ist aber eine ganz andere als 2017. Es ist dunkel, kalt, leise ... eine kühle Atmosphäre. (© NordicFocus)

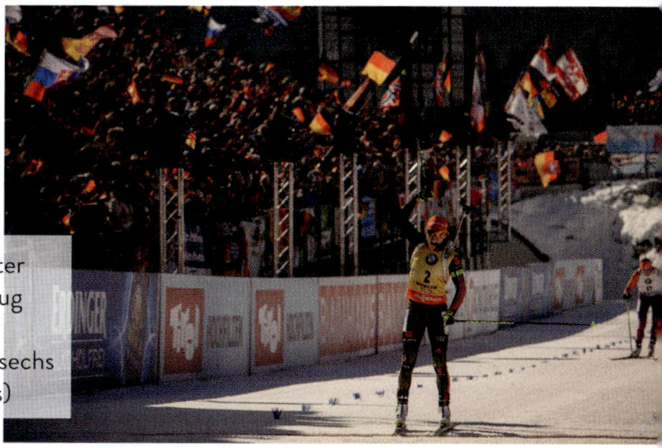

WM 2017 in Hochfilzen. Ein absoluter Höhepunkt meiner Karriere – ich trug das Gelbe Trikot der Führenden des Gesamtweltcups. Ich habe fünf von sechs Rennen gewonnen. (© NordicFocus)

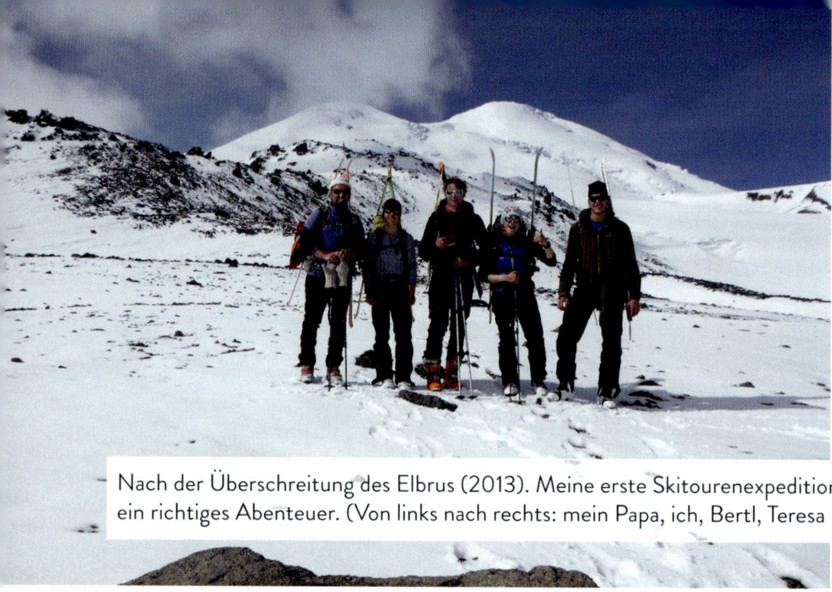

Nach der Überschreitung des Elbrus (2013). Meine erste Skitourenexpedition war gleich ein richtiges Abenteuer. (Von links nach rechts: mein Papa, ich, Bertl, Teresa und Hanni)

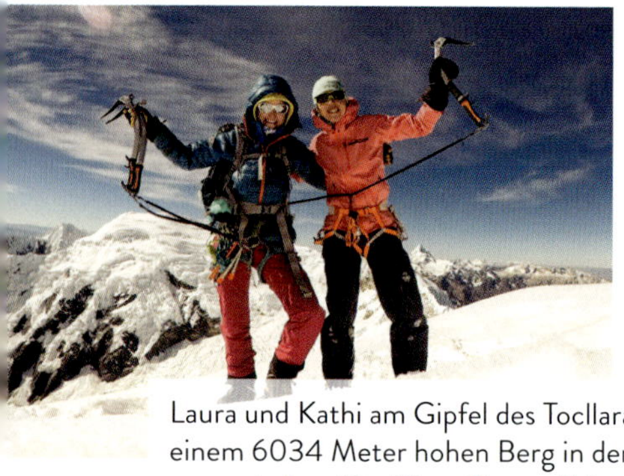

Laura und Kathi am Gipfel des Tocllaraju, einem 6034 Meter hohen Berg in der peruanischen Cordillera Blanca. Wir gingen vom Basislager aus in einem Tag auf den Gipfel.

Autofahrt nach Cashapampa zum Alpamayo (Peru 2017). Mit an Bord: Papa, Andrea, Kathi, Peter Schlickenrieder, Mama und ich.

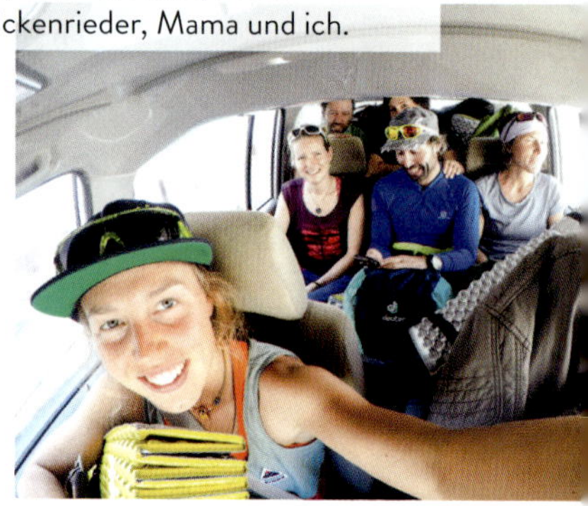

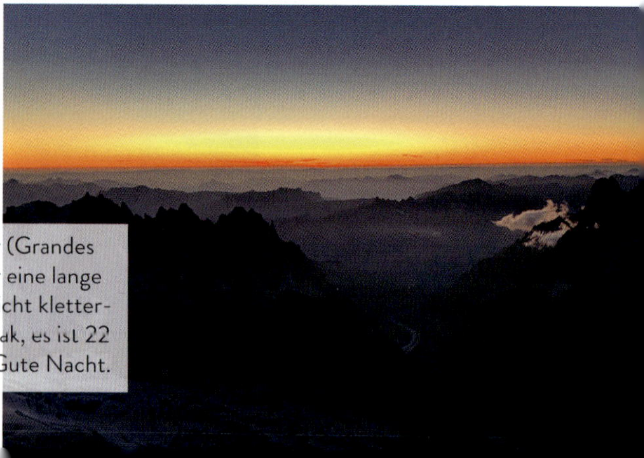

Blick aus dem Walkerpfeiler (Grandes Jorasses Nordwand). Es war eine lange Sommernacht, im letzten Licht kletterten wir hier zu unserem Biwak, es ist 22 Uhr. Welch eine Aussicht! Gute Nacht.

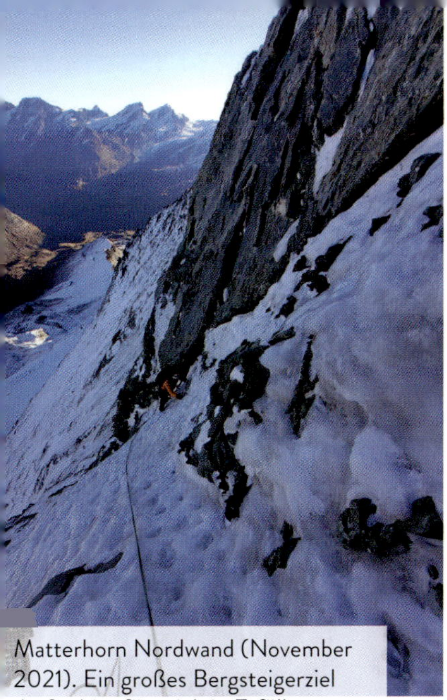

Matterhorn Nordwand (November 2021). Ein großes Bergsteigerziel durfte hier für mich in Erfüllung gehen. Die Verhältnisse waren recht anspruchsvoll, wenig Schnee, die Eisauflage sehr dünn. In den heiklen Mixedkletterpassagen war ich ganz schön gefordert.

Über die Aschenbrennerroute auf den Großglockner mit Matti und Franzi kurz vor einem neuerlichen Lockdown in Österreich im November 2020.

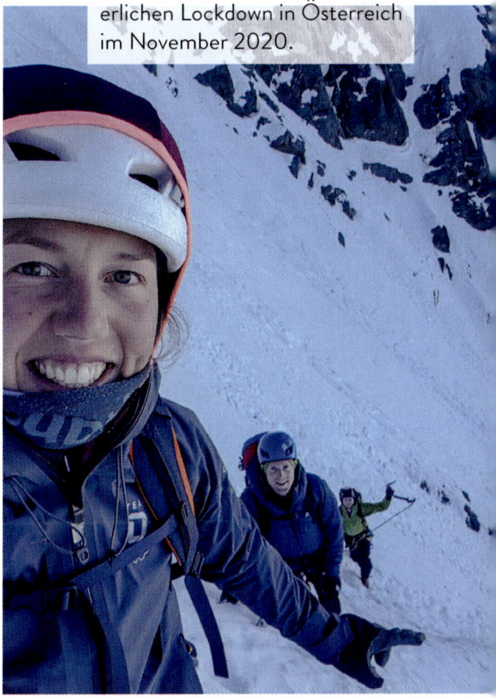

Heilig Abend in Davos mit Chrissi und Matti (2020). Selten so eine coole Eislinie geklettert. Die Tour diente der Vorbereitung auf den Bergführer-Eignungstest im Winter 2021. Es wurde gerade dunkel, als wir kalt und durchnässt mit den Ski zurück zum Auto fuhren.

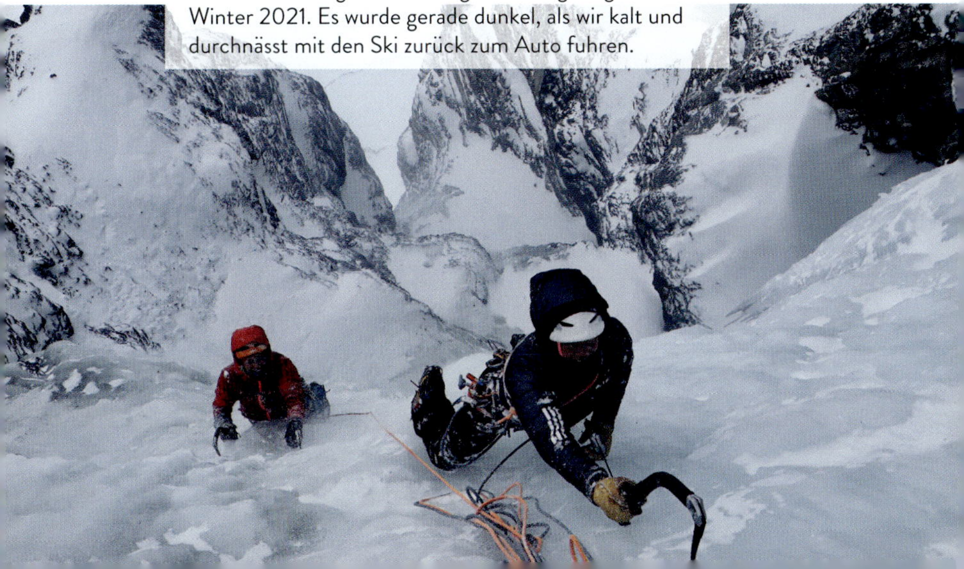

Hochblassen mit Bertl (Sommer 2018). Wir machten eine dreitägige Gratüberschreitung im Wettersteinmassiv mit Start und Ziel an der Haustür. Diese Tour – unter anderem über Gaifgrat, Blassengrat, Jubiläumsgrat und Wettersteingrat – ist beispielhaft für so viel intensive gemeinsame Touren gerade auch in unserer Heimat.

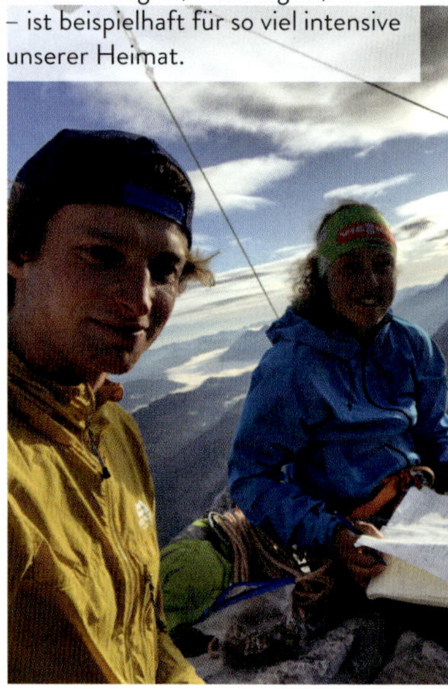

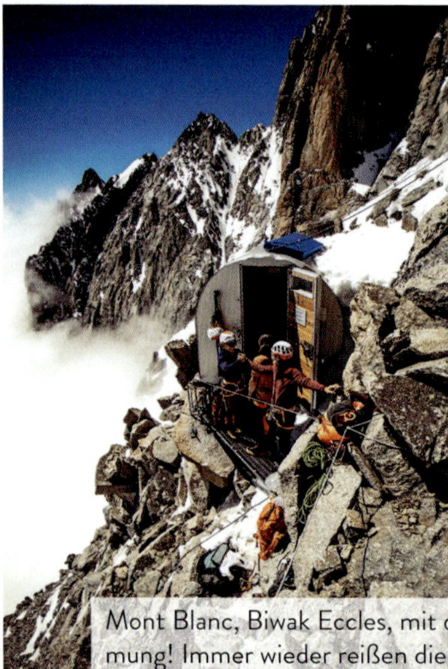

Mont Blanc, Biwak Eccles, mit den Huberbuam (2021). Super Stimmung! Immer wieder reißen die Wolken auf. Vorfreude, aber auch Anspannung für die bevorstehende Tour über die Bonington-Route liegen in der Luft. Die Nacht verbringen wir übrigens zu sechst in dieser schnuckeligen Blechbüchse. (© Timeline Production / adidas Terrex)

Einer unserer legendären Ausflüge in die Dolomiten mit den Spezln der Jungmannschaft (2014). Gerade noch rechtzeitig vor einem heftigen Sommergewitter konnten wir die Route Via Mamma e Papà am Passo Giau (VII) klettern. Neben der Kletterei hatten wir viel Gaudi und immer einen dummen Spruch parat.

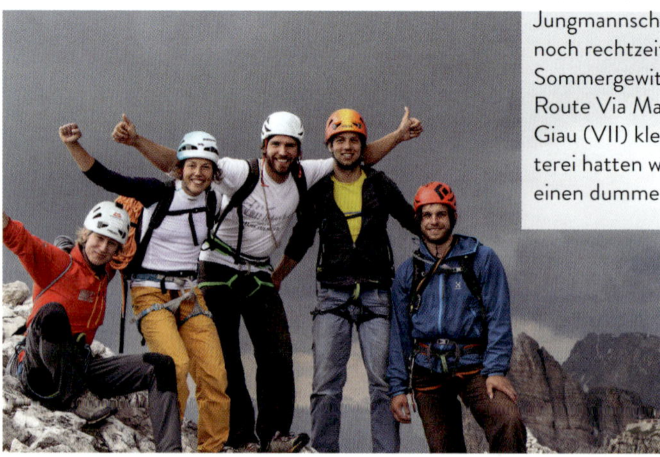

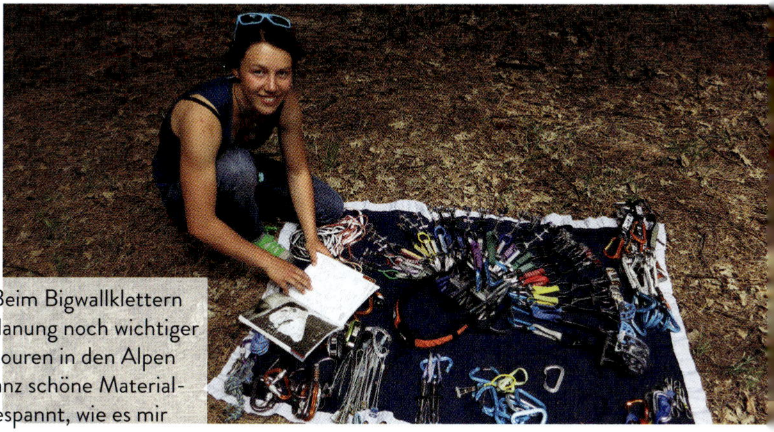

Yosemite (2015). Beim Bigwallklettern ist Ordnung und Planung noch wichtiger als bei den Klettertouren in den Alpen … und es ist eine ganz schöne Materialschlacht! Ich bin gespannt, wie es mir ergehen wird und ob wir die *Salathé* Route am El Cap klettern können.

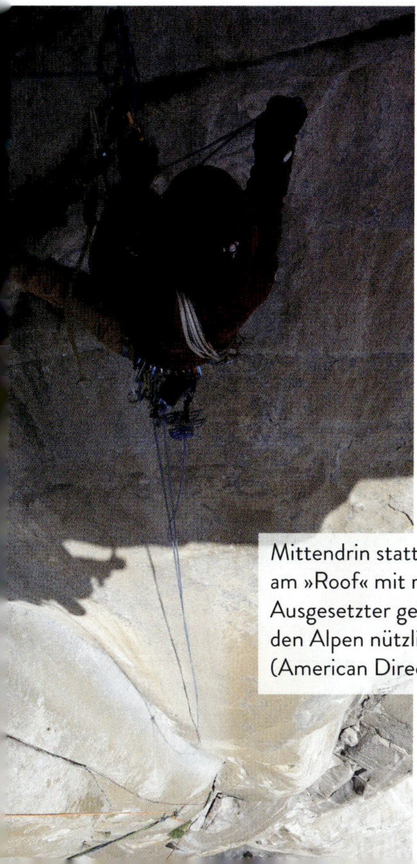

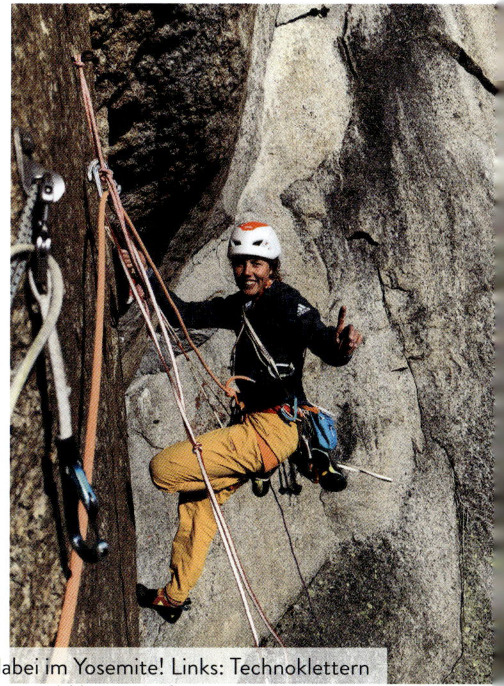

Mittendrin statt nur dabei im Yosemite! Links: Technoklettern am »Roof« mit rund tausend Metern Luft unterm Hintern. Ausgesetzter geht's nicht! Diese Kletterskills können auch in den Alpen nützlich sein wie hier in der Petit-Dru-Nordwand (American Direct) – meine erste große Nordwand.

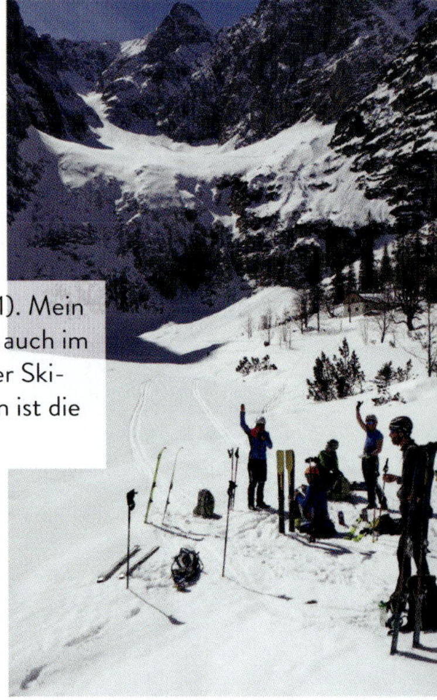

Skitour Wetterstein Reib’n (2021). Mein geliebtes Wettersteingebirge hat auch im Winter einiges zu bieten. Bei einer Skitour mit gut 3000 Höhenmetern ist die Pause natürlich auch wichtig ;-)

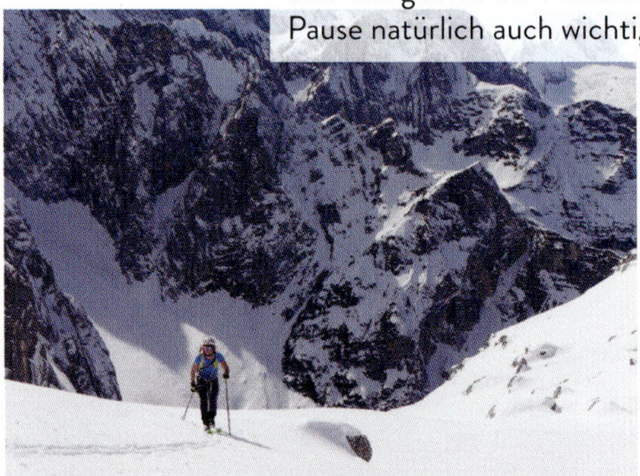

Drei Zinnen. Nordwand. Geklettert ja – nun auch im Rahmen des AlpFrontTrails abgelaufen. (© Philipp Reiter)

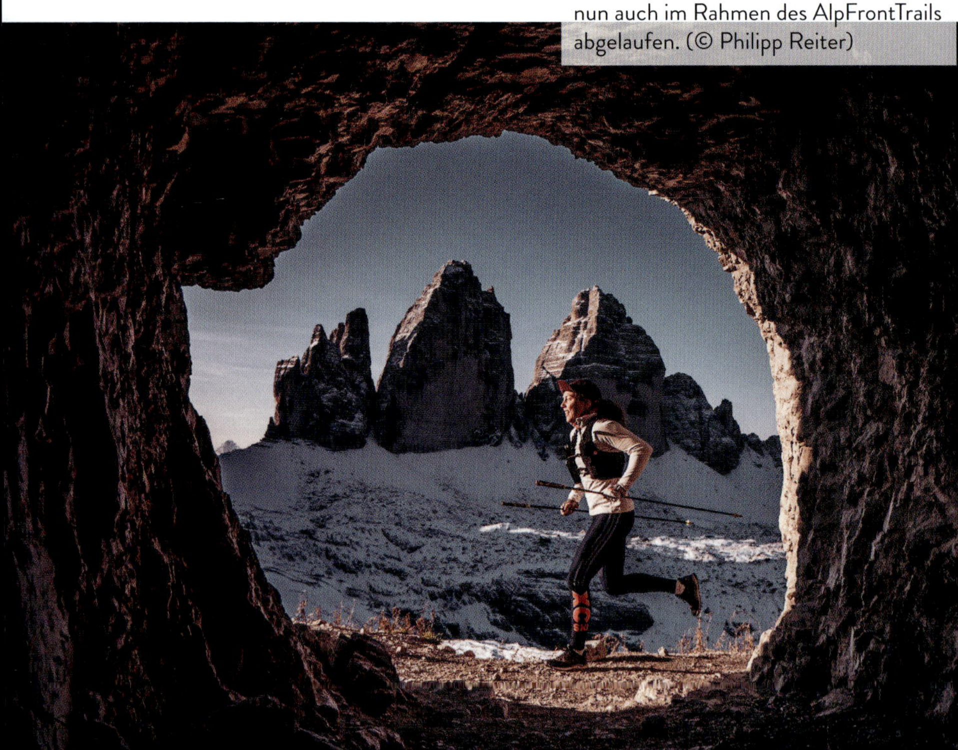

brauche doch meinen Körper! Ich kann es mir nicht leisten, dass er nicht funktioniert! Für was habe ich die ganzen letzten Jahre so hart trainiert? Die Biathlonsaison startet doch bald …« Die Tränen fließen erst später im Krankenhaus, als mir das ganze Ausmaß klar wird und ich meinen Trainer über den Kletterunfall informieren muss. Das fühlt sich schlimmer an als meine Schmerzen im Fuß.

* * *

Mein Kletterunfall im heimatlichen Wettersteingebirge liegt jetzt acht Jahre zurück. Ich hatte großes Glück und zum ersten Mal wurde mir so richtig bewusst, welch hohes Risiko Klettern im Gegensatz zu anderen Ausdauersportarten birgt: Wenn du beim Biathlon einen kleinen Fehler machst, dann wirst du halt Zwanzigste oder Dreißigste. Wenn du beim Klettern einen Fehler machst, kannst du ums Leben kommen. Dennoch schockierte mich etwas anderes noch viel mehr: Wie kann es sein, dass so ein kleiner Leichtsinnsfehler – wie ich es im Nachhinein sehe – so große Auswirkungen hat? Es war nur ein kleiner Moment, in dem etwas nicht gepasst hat, in dem mich meine eigene Einschätzung getäuscht hat. Und das zog nun solch einen Rattenschwanz nach sich!?

Über Wochen musste ich mein Biathlontraining auf Eis legen – im ersten Moment war ich da richtig sauer, sauer auf mich selbst. Aber irgendwie erdete mich das auch und ich versuchte dem Ganzen etwas Positives abzugewinnen. Ich tat etwas, wofür ich sonst nie Zeit hatte: Ich trainierte gut vier Wochen lang ausschließlich Bauch und Rücken in allen Varianten – davon habe ich noch jahrelang profitiert. Und sobald es möglich war, konzentrierte ich mich wieder voll und ganz auf meine Biathlonkarriere. Das Klettern stellte ich – auch wenn mir das nicht ganz leichtfiel – erst mal hintenan.

Doch schnell merkte ich, dass ich für meine Lebensfreude, meinen Freiheitsdrang und meinen inneren Frieden das Bergsteigen einfach brauche. Ich erinnere mich, dass ich bald nach dem Unfall mit meinem Spezl Thomas ins Oberreintal hinaufstieg. Dieses ruhig gelegene Hochtal bildet einen Kessel, umringt von steilen Felsenwänden und -türmen und ist für mich ein ganz besonderer Ort. Es war mir deshalb wichtig, sobald es mir mit meiner Verletzung wieder möglich war, als Erstes dort hinzugehen. Zwar war es noch nicht an der Zeit, wieder zu klettern, aber ich wollte die hoch aufragenden Kletterfelsen zumindest sehen und die besondere Kraft dieses Ortes spüren.

Wir waren auf einem schmalen Steig unterwegs. Keine echte Kraxlerei, aber auch kein normaler Wanderweg. Es war ähnliches Gelände wie beim Unfall: abschüssig und brüchig. Und da bekam ich auf einmal Angst: Was passiert jetzt, wenn da wieder etwas ausbricht? Durch die Unsicherheit bin ich rummarschiert wie ein Trottel. Es war mir total unangenehm und ich entschuldigte mich bei Thomas dafür. Ich verstand die Welt nicht mehr: Ich konnte doch davor auch gut unterscheiden, was brüchig ist, was vielleicht nicht halten könnte - auch wenn der Grat da natürlich immer sehr schmal ist. Da wurde mir so richtig klar: Ich wollte unbedingt wieder vollstes Vertrauen in mich und meine Fähigkeiten, aber auch in die Berge, die Natur, die Felsen bekommen. Außerdem war es total wichtig, den Unfall nicht einfach wegzuschieben, sondern - im Gegenteil - ganz genau hinzuschauen: Was ist passiert? Wie ist es passiert? Und was kann ich anders machen, dass so etwas zukünftig möglichst nicht mehr geschieht? Wie kann ich durch gute Vorbereitung und bewusstes Handeln das Risiko minimieren?

Drei Jahre später wollte ich zusammen mit einem meiner engsten Tourenpartner noch einmal in die Unfall-Route an der Zugspitze einsteigen, allerdings herrschten noch Winterverhältnisse. Während der Planung bekam ich etwas Muffensausen und großen Respekt vor der Aktion. Da die Tour aber rational betrachtet wirklich nicht besonders schwer ist und ich großes Vertrauen in Xari - und auch wieder in mich selbst - hatte, packten wir es an. Ich bat ihn, die entsprechende Seillänge vorzusteigen. Als ich nachstieg, dachte ich mir schon: »Krass, hier ist es passiert!« Gleichzeitig ist es mir ganz einfach vorgekommen. Es war richtig gut, das alles noch mal zu sehen, den Ereignissen des Unfalls nachzuspüren. So habe ich die Tour jetzt recht positiv in Erinnerung.

Praktisch habe ich von meinem Sturz gelernt, dass man die Brüchigkeit von Felsen nie unterschätzen darf - mögen sie noch so stabil aussehen. Und ich muss immer in der Lage sein, einen möglichen Sturz abzufangen, indem ich vor dem Greifen stabil stehe und im Idealfall noch einen anderen festen Griff halte.

***

Mittlerweile ist der Unfall für mich in weite Ferne gerückt. Was mich in den letzten Jahren erneut innehalten ließ, war der Verlust von drei Freunden aus meiner Kletterclique – alle drei superfitte Jungs und fertig ausgebildete Bergführer, die unterwegs am Berg verunglückt sind. Sie standen mir echt nahe und wir hatten viel Zeit beim Klettern zusammen verbracht. Ich werde nie den Moment vergessen, wo wir alle in der Garmischer Boulderhalle waren und Peter, ehemaliger Jungmannschaftsleiter und Bergwachtausbilder, hereinkam und sagte: »Es ist was passiert.« Es war mir damals sofort klar, dass er nur von Xari sprechen konnte und etwas Schlimmes passiert sein musste. Ein paar Tage später wurde es leider traurige Gewissheit – trotz größter Bemühungen durch die Bergrettung Gröden konnte Xari nur noch tot geborgen werden. Ich war von Grund auf erschüttert: Er war quasi immer unsterblich für mich gewesen, und dass gerade er als Erster von uns ums Leben kommt, damit hätte ich nie gerechnet! Ich hatte sehr viele schwere Touren mit Xari gemacht, er war ein sehr enger und guter Freund, auf ihn konnte ich mich immer verlassen – und jetzt sollte er einfach nicht mehr da sein?

Da überdachte ich – mehr als jemals nach dem eigenen Kletterunfall – meine Einstellung zum Leben und fragte mich: »Was ist in meinem Leben wie viel wert? Wie schnell kann es vorbei sein? Will ich überhaupt noch klettern und extreme Touren machen?« Es folgten immer wieder Tage der Taubheit und Gleichgültigkeit. Tage, an denen ich mir dachte: »Ist mir doch alles egal – auch wenn ich ums Leben komme.« Blind vor Wut und Trauer ging ich in dieser Zeit auf Skitouren und durch mein Verhalten große Risiken ein. Ich war einfach so sauer auf die Gesamtsituation: »Warum musste das passieren? Und warum gerade er, warum kann es nicht mich erwischen?«

Zum Glück wachte ich aus diesem Zustand ziemlich schnell wieder auf und sagte mir: »Stopp! So darf man sein Leben nicht aus der Hand geben!« Und spätestens nach dem dritten Todesfall in unserer Clique erkannte ich für mich noch etwas ganz Essenzielles: Man darf Sachen nicht aufschieben! Es kann einfach jeden Moment vorbei sein – egal ob beim Bergsteigen oder im Alltag auf der Straße –, weshalb man das Leben leben und erfüllende Sachen machen sollte! Denn trotz der erschreckenden und traurigen Erfahrungen steht das Klettern und Bergsteigen bei mir ganz vorne, weil für mich das Positive und Schöne dabei so unglaublich stark ist. In den Bergen unterwegs zu sein bedeutet für mich einfach die pure Freiheit. Und das Schönste, das ich mir vorstellen kann, ist, wenn ich mit lieben Menschen draußen am Berg bin. Dann bin ich vollkommen zufrieden. Das ist für mich das pure, echte Leben. Und ich bin nicht bereit dazu, das aufzugeben, nur um jedes Risiko maximal zu minimieren. Ein Freund von mir, auch Bergführer, sagt wiederum ganz klar: »Je öfter du in den Bergen unterwegs bist, desto höher das Risiko, dass etwas passiert.« Er setzt seine Prioritäten deshalb bei seiner Familie, bleibt mehr bei seinen drei Kindern und macht weniger Touren. Und ihm geht es gut damit. Das ist sein Weg, den ich sehr respektiere. Doch ich gehe für mich gerade einen anderen.

* * *

Außerdem – da muss ich ganz ehrlich zu mir selbst sein – brauche ich ganz einfach die Herausforderung. Fühle ich mich nicht genug gefordert, erfüllt mich die Unternehmung nicht. Ich bin regelrecht fasziniert von Walter Pauses Kletterführerklassiker *Im extremen Fels: 100 Kletterführen in den Alpen* und da sind schon überwiegend risikoreichere Touren drin. Dabei reizen mich aber nicht nur die Touren an sich, sondern auch die alten Bergsteigergeschichten dahinter: Die hatten nichts außer Zeit und wir haben alles außer Zeit – und sie schafften es trotzdem! Für mich stellen Touren wie die legändere *Schmid/Krebs* in der Laliderer-Nordwand oder die *Vinatzer-Messner* an der Marmolada echte Abenteuer dar. Ich habe dabei das Gefühl, so richtig etwas zu erleben, Alpingeschichte zu atmen. Das hat eine ganz andere Intensität, so etwas gibt es beim Sportklettern nicht. Eine Tour, bei der ich an meine Grenzen komme, bei der die Unternehmung richtig groß ist, wo sich eine riesige Wand vor mir auftürmt – das berührt mich unheimlich!

Sicher spielt es eine große Rolle, dass ich grundsätzlich kein ängstlicher Mensch bin und recht optimistisch denke. Ich habe keine Zukunftsangst. Und: Nicht immer ist alles gefährlich, nur weil es anspruchsvoll ist. Es gibt nicht das **eine** Risiko. Für mich hängt das ganz stark von uns selbst ab: Wie man etwas angeht und wie arg man es herausfordert. Risiko kann sich für jeden anders anfühlen. Das ist eine der eindrücklichen Erfahrungen aus meinem Bergwacht-Engagement. Es gibt sehr viele Menschen, die gehen ein hohes Risiko ein und sind sich dessen überhaupt nicht bewusst, weil sie sich selbst nicht ausreichend reflektieren können und völlig überschätzen. Für mich stellt Risiko einen Abwägungsprozess dar. Wichtig ist, sich immer wieder selbst zu befragen: »Ist das jetzt das Richtige für mich, will ich das wirklich oder habe ich das Gefühl, das ich etwas machen **muss**, zum Beispiel weil es mir von außen aufgezwungen wird?« Dabei kann ich heute so entscheiden und morgen anders.

Und ich muss mir auch überlegen, mit wem ich da unterwegs bin: Kann ich mich voll und ganz auf diese Person verlassen? Weiß sie, was sie tut? Liegt die Hauptverantwortung bzw. das Können bei mir oder ist jemand dabei, der besser ist, der vorgehen kann. Und da ist es nur fair, wenn man das vorher klar und ehrlich durchgeht und sich abspricht, wer die schwersten Stellen macht. Beim Klettern ist es sehr wichtig, dass beide voll dahinterstehen und am gleichen Strang ziehen. Das gilt umso mehr, je anspruchsvoller die Route ist. Niemand sollte zu etwas überredet werden, sonst ist das Risiko zu groß, dass etwas passiert. Genauso sollte der Partner oder die Partnerin nicht übermotiviert sein. Passt aber alles, ist das einer der schönsten Aspekte am Bergsport, dass man nicht allein unterwegs ist, sondern etwas gemeinsam schafft und erlebt! Ideal finde ich es, wenn mein Niveau und das meiner Tourenpartner ausgeglichen sind bzw. wir uns in unseren Fähigkeiten beim Klettern gut ergänzen. Aber ich bin genauso mit Tourenpartnern unterwegs, die gleichauf oder besser sind, wie mit anderen, wo ich die Erfahrenere oder die Stärkere im Klettern bin und es dann klar ist, dass ich alles vorsteige. Da ist es dann – gerade mental – sehr fordernd zu wissen: Wenn's darauf ankommt, dann bin ich gefragt. Aber das bringt mich immer extrem weiter und ich lerne sehr viel dabei, denn man muss noch mal ganz anders planen.

* * *

Vielleicht wirkt es oft so, als ob ich immer nur extrem wilde Sachen unternehmen würde. Tatsächlich sind es immer wieder Touren, die zunächst auch für mich selbst unendlich weit weg und absolut nicht machbar erscheinen. Aber gerade das ist es, was mich wirklich reizt: nicht, dass die Tour besonders gefährlich ist, sondern dass ich im ersten Moment denke: »Das schaffe ich nie!« Wenn ich dann genauer hinschaue, erkenne ich: »Ah, vielleicht geht es ja doch!« Durch genaue Planung mache ich mir die Tour dann vertrauter: Aus dem riesigen Berg mache ich einzelne Seillängen, aus einer schweren Seillänge einzelne Sequenzen und aus den Sequenzen einzelne Kletterzüge. Und wenn man dann einen Zug nach dem anderen macht, dann geht die Seillänge und dann geht die nächste auch noch, und auf einmal wird die gesamte Tour und der ganze Berg möglich! Das finde ich super spannend und es motiviert mich total!

Das geht jetzt nicht so weit, dass ich jede einzelne Kletterstelle vorher und während der Tour im Kopf habe. Aber ich habe den Gesamtkontext durchdacht und so gut ich kann geplant und vorbereitet. Dadurch wird die Route nicht nur nahbarer und möglich, sondern es minimiert in meinen Augen auch die Gefahr, dass mir etwas passiert.

Umso mehr ärgert es mich daher, wenn ich bei der Planung einen Fehler mache, also zum Beispiel einen Ausrüstungsgegenstand vergesse. Da kann ich mich massiv darüber aufregen. Wenn ich etwas nicht klettern kann: Ja mei, dann kann ich es halt nicht, dann fehlen mir die Fähigkeiten dazu. Aber wenn ich es taktisch nicht richtig angehe, dann ist das einfach nur dumm. Das habe ich schon beim Biathlon nicht verstanden: Es hat dort viele Sportler und Sportlerinnen gegeben, die haben die gleichen Voraussetzungen mitgebracht, wurden aber aus taktischen Fehlern in ihrem Erfolg gebremst.

* * *

Wenn ich mich aber trotz gewissenhafter Planung und Vorbereitung mal auf Tour unsicher fühle, dann gibt es für mich nur zwei Möglichkeiten: Ich muss versuchen, mein Sicherheitsgefühl wiederherzustellen, oder ich muss – wenn es möglich ist – abbrechen. Denn wenn man in alpinem Gelände gestresst ist oder sich in einem schlechten mentalen Zustand befindet, haut nichts mehr hin. Und: Dann hat man dort nichts mehr verloren. Man muss wirklich stabil sein, um weiterzukommen – nicht umsonst heißt es, dass beim Klettern der Kopf der wichtigste Muskel ist. Und außerdem: Niemand zwingt mich ja dazu, diese Routen zu gehen. Und ob die Tour jetzt in meinem Tourenbuch steht oder nicht, ist letztendlich eigentlich total egal. Den Stress, etwas machen zu müssen, macht man sich in der Regel nur selbst.

Ich habe schon immer versucht, in solchen Momenten rational vorzugehen: »Ist meine Angst berechtigt? Was kann ich ändern, zum Beispiel durch das zusätzliche Legen von Sicherungen, damit ich mich wieder sicher fühle?« Ich denke auch an gute Momente in vergleichbaren Routen zurück und versuche so, mich wieder aufzubauen. Und ich frage mich ganz ehrlich selbst: »Will ich weitergehen oder doch lieber zurück?«

Außerdem habe ich in der Bergführerausbildung gelernt, ein Risiko zu bewerten. Und zwar hinsichtlich der bestehenden Gefahr und der daraus resultierenden Konsequenzen für meinen Gast und für mich als Bergführerin. Da du als Bergführer permanent damit konfrontiert bist, das Risiko zu bewerten, stellen wir uns sowohl bei jeder Planung als auch direkt auf Tour immer wieder dieselben Fragen: »Welche Gefahren bestehen hier? Welche Faktoren bedingen was? Was können wir hier machen?« Kann ich nichts unternehmen, breche ich unbedingt ab.

Vor meiner Ausbildung zur Bergführerin habe ich das immer ein bisschen belächelt: »Mei, schau die Bergführer an, jetzt müssen sie wieder überlegen und hin und her abwägen, bis sie eine Entscheidung treffen!« Mittlerweile finde ich das auch privat sehr nützlich. Denn was ich früher grob abgeschätzt habe, dafür habe ich jetzt ein klares Schema an der Hand. Und wenn ich anhand des Schemas erkenne: »Hey, das ist ja gar nicht so gefährlich«, hilft mir das mental sehr.

Mit Anfang 20 habe ich mir über so etwas kaum Gedanken gemacht. Aber je mehr ich miterlebe, desto mehr verändern sich auch die Einstellung und das eigene Risikomanagement. Natürlich bin ich dadurch nicht mehr ganz so frei und gelöst, wenn ich ständig das Risiko durchkalkuliere. Aber ich fühle mich in meinem Tun deshalb nicht eingeschränkt, sondern sehe es eher als sehr gewinnbringend. Denn wenn ich in sehr anspruchsvollem Gelände die Gefahren nicht systematisch durchgehe und doch einmal etwas passiert, höre ich vielleicht ganz auf, und das möchte ich gerne vermeiden.

* * *

Hin und wieder rutsche ich dennoch in Touren hinein, die mich – obwohl wir sie geschafft haben – noch lange beschäftigen und zum Nachdenken über das grundsätzliche Warum bewegen.

So auch im August 2020: Ich hatte mir mit einem meiner Tourenpartner die Stockhorn-Bietschhorn-Überschreitung aus dem Pause-Buch in den Kopf gesetzt. Auf der Hinfahrt rief ich in der Hütte an, um die Bedingungen zu erfragen. Als die Hüttenwirtin herausfand, wo wir hinwollten, riet sie uns massiv ab. Wir waren durch andere Quellen gut über die Grattour informiert und uns war bewusst, dass es sehr anspruchsvoll und keine gemütliche Genusswanderung werden würde. Kurz kamen wir daraufhin ins Zweifeln: »Sollen wir es wirklich machen?« – »Ja, doch, das passt schon. Das schaffen wir schon und wir haben ja die Möglichkeit, gleich am Anfang noch umzudrehen, wenn es uns nicht behagt.«

Wegen der langen Anfahrt von Garmisch ins Wallis kamen wir erst kurz vor Mitternacht am Ausgangspunkt an und hatten nur noch zwei Stunden, bis wir schon wieder starten mussten. Gleich am Anfang führt der Weg über gute zwanzig Minuten durch einen Tunnel mit einem kleinen Bach. In der Dunkelheit und Eintönigkeit wäre ich im Gehen fast eingeschlafen. Zum Glück konnten wir im Stockhornbiwak später einen kurzen Powernap machen und erreichten dann ohne Probleme den Gipfel des Stockhorns.

Zu Beginn der Überschreitung brauchte ich ein bisschen, um mich an das unwegsame Gelände mit vielen wackeligen Blöcken zu gewöhnen. Relativ schnell fanden wir aber in unseren Flow und kamen gut voran. Es machte Spaß und ich hatte das Gefühl, hier absolut richtig zu sein. Irgendwann wurde es dann sehr brüchig. Wir kamen an eine Stelle, wo wir abseilen mussten. Und das ist ja immer ein spannender Moment, weil dann klar ist, dass man danach nicht mehr zurückkann. Gelandet sind wir in einer senkrechten Schotterreise, in der wir keinerlei Möglichkeit fanden, uns hinzustellen, um das Seil abzuziehen. Noch viel weniger ließ sich ein Stand bauen, der den Sturz eines Vorsteigers auch nur ansatzweise hätte halten können. Wir brauchten ewig und es wurde sehr spät. Die Zeit drängte, einen Biwakplatz zu finden. Als ich zu meinem Seilpartner, der gerade vorgestiegen war, aufrückte, meinte er zu mir: »Schau doch noch mal ums Eck rum, vielleicht ist da was!« Ich kletterte ein paar Meter weiter und rief erleichtert: »Yes! Das sieht gut aus, das könnte hinhauen.« Tatsächlich befand sich dort ein zum Biwakieren geeignetes, sogar mit Steinen geschütztes Steinplateau auf der Südseite, kurz unterhalb des Grates: sehr klein, wir konnten uns gerade so nebeneinanderquetschen, aber dafür mit traumhafter Aussicht und sowohl Abend- wie auch Morgensonne. Wir waren total glücklich, dass wir es geschafft hatten, und waren recht guter Dinge für den nächsten Tag.

Doch entgegen unserer Annahme wurde es sehr schwer und das Gelände noch brüchiger – auch hier hinterlässt der Klimawandel leider seine Spuren. Da wir keine andere Wahl hatten – eine Umkehr war ja nicht mehr möglich –, mussten wir mehrmals an sehr instabilen Felsköpferln abseilen. Das war eine echt herausfordernde und beängstigende Situation: Du weißt, du kannst den Köpferln eigentlich nicht vertrauen, aber es ist auch klar, du musst das jetzt machen, denn Abklettern ist auch keine Option. Ich fühlte mich extrem unwohl und stellte unsere ganze Aktion infrage. Vor allem als noch eine sehr heikle Querung folgte, bei der es in absolut absturzgefährdetem Gelände über 50 Meter nicht möglich war, eine Sicherung zu legen. Da hatte ich zwischendurch auch mal richtig Angst und fragte mich: »Warum riskieren wir hier Kopf und Kragen?« Aber es gab einfach kein Zurück. Es blieb nur das Weitergehen. Dafür brauchten wir dann Stunden, weil wir bei jedem Zentimeter kämpfen mussten, um heil über die brüchigen Felsen zu kommen. Letztendlich schafften wir es aber am Abend zum Gipfel.

Der Abstieg danach war noch sehr lang und weit und wir freuten uns sehr auf die Hütte. Die Anspannung fiel langsam von uns ab und wir fühlten uns schon auch ein bisschen wie zwei kleine Helden: Die Tour hat sehr wenige Begehungen und wir hatten sie trotz der Widrigkeiten und Schwierigkeiten geschafft!

Die Hüttenwirtin sah das allerdings ganz anders: Statt Anerkennung brachte sie nur Verärgerung für uns auf: »Wo kommt ihr denn jetzt um diese Uhrzeit her?« – »Wir haben nicht herumgetrödelt, sondern eine sehr lange Tour unternommen.« Als sie herausfand, was wir gemacht hatten, erinnerte sie sich an meinen Anruf und verpasste uns einen ordentlichen Anschiss: »Ich habe euch doch gleich gesagt, dass ihr das nicht machen sollt!« Sie urteilte einfach, fragte aber in keinem Moment nach, wie es uns wirklich ergangen war. Immerhin bekamen wir noch etwas zu trinken und nach einigem Hin und Her auch eine kleine Brotzeit.

Ich tat mich etwas schwer zu verstehen, warum sie so negativ sein musste. Vom heutigen Standpunkt aus muss ich allerdings zugeben: Hätte ich geahnt, wie gefährlich diese Tour wirklich ist, wäre ich mit einem mulmigeren Gefühl in sie eingestiegen. Und wiederholen würde ich sie jetzt auch nicht mehr. Denn wenn die objektiven Gefahren so groß sind, hängt es natürlich nicht nur von der Vorbereitung und vom eigenen Können ab, dann brauchst du schon auch eine gehörige Portion Glück. Und trotzdem finde ich es faszinierend, dass wir es als Seilschaft und Team so gut hinbekommen haben: Ich bin in keinem Moment in Panik ausgebrochen. Wir sind beide ruhig geblieben und waren in der Lage, uns immer wieder gegenseitig Mut zuzusprechen. Es war wirklich toll festzustellen, dass ich in Extremsituationen funktioniere und dass ich als Kletterin zu viel mehr in der Lage bin, als ich ursprünglich gedacht hatte.

* * *

Diese Art von Touren ist vor allem psychisch so fordernd, dass ich mich danach wieder auf ein bisschen weniger Abenteuer und Fürchten und auf mehr Genuss-Klettern freue. Oder die Finger tun mir weh und es reicht für ein paar Tage sogar mal mit dem Klettern. Dann setze ich mich gerne auf mein Radl oder mache Ausdauersport, bei dem man keine größeren Gefahren eingeht und nicht viel nachdenken muss. Verschnaufe quasi ein bisschen von den extremen Touren. Ich bin kein Mensch, der zwei, drei Monate durchballern kann, wenn es sich um so risikoreiche Bergtouren handelt – auch wenn das Wetter bombig ist. Ich brauche zwischendurch diese mentalen Pausen.

Und dann, irgendwann, fängt es wieder an, das Kribbeln und die Lust auf Abenteuer und etwas Neues und ich blättere in meinem Pause-Buch und schaue, was ich als Nächstes so anstellen könnte.

Kapitel 6
Heimat ist alles, was mir wichtig ist

Heimat ist für mich zunächst mein Herkunftsort. Wenn ich mich nach einer Reise Garmisch-Partenkirchen nähere und das Wettersteingebirge mit seinen grünen Hängen und den grauen Gipfeln vor meinen Augen auftaucht, überkommt mich jedes Mal wieder ein tiefes Gefühl von Sicherheit, Vertrautheit und Wohlbefinden - ob ich von München, Hamburg oder der Schweiz anreise, ob ich einen Tag oder mehrere Wochen lang weg war, spielt dabei keine Rolle.

Garmisch-Partenkirchen mit seinen alten Kirchen, den kleinen farbigen und verzierten Häusern und malerischen Gässchen ist ein sehr traditioneller und bayerischer Ort. Obwohl es bisweilen von Touristen und Auswärtigen überschwemmt wird, haben sich viele ursprüngliche Traditionen und Bräuche erhalten. Ich pflege nicht alle, ich besuche auch nicht jede Veranstaltung oder jeden Umzug und ich bin auch nicht Mitglied im Trachtenverein. Aber das eine oder andere Fest besuche ich - in Tracht - sehr gerne. Und eine Zeit lang, auch während der Weltcup-Phasen, war es für mich ein festes Ritual, mit meinen Spezln immer sonntags zu unserem Schafkopf-Stammtisch zu gehen. Wir trafen uns dafür bewusst im Wirtshaus. Dabei stand nicht nur das bayerische Kartenspiel im Mittelpunkt, sondern vor allem auch das Zusammensein in der Gemeinschaft und der gegenseitige Austausch.

Ich finde es sehr schön, dass in Garmisch-Partenkirchen die bayerische Kultur noch ernst genommen und wie schon vor hundert Jahren gepflegt wird. Bei uns ist das Bierzelt noch echt, niemand verkleidet sich. Die Menschen ziehen sich ihre Tracht an, weil es sich so gehört und schon immer so war und nicht, um für Touristen eine Show abzuziehen.

Bei uns wird überwiegend Bairisch gesprochen und auch ich bin in Mundart aufgewachsen. Ich kann mich im bayerischen Dialekt viel besser ausdrücken und Dinge auf den Punkt bringen, und auch Dialekte angrenzender Alpenländer sind mir um einiges vertrauter als das Hochdeutsche. Im Bairischen kann ich sein, wie ich denke. Sprache hat viel mit Identität zu tun. Ich fühle mich einer Person gleich ganz anders verbunden, wenn sie Bairisch oder einen verwandten Dialekt spricht. Und wenn ich über einen längeren Zeitraum Hochdeutsch sprechen muss, strengt mich das eher an.

Ich glaube, es ist für jeden Menschen wichtig zu wissen, wo er herkommt und wo die eigenen Wurzeln liegen. Ob bewusst oder unbewusst: Die Umgebung, die Menschen, die Kultur und die Sprache des Heimatortes prägen die Persönlichkeit. Ich vergleiche das gerne mit einem Baum: Nur wenn du starke Wurzeln hast, kannst du oben eine große Krone ausbilden, aufblühen und dich weiterentwickeln. Ohne meine Wurzeln wäre ich wie ein Hüpfball, der hin und her springt und nicht weiß, wohin er gehört. Durch diese Verwurzelung aber fühle ich mich zugehörig, kann mich sozusagen wie ein Kompass einnorden und mit einem guten Gefühl an andere Orte reisen. Je mehr ich unterwegs bin, desto bedeutsamer wird mein Heimatort mit seiner Beständigkeit für mich. Er gibt mir Sicherheit, denn hier ticken die Uhren mehr oder weniger immer noch gleich, egal, wie lange ich weg war.

Natürlich wandelt sich auch Garmisch-Partenkirchen, vor allem das Ortsbild. Aber das Große und Ganze bleibt gleich: Denkstrukturen, Vereine und Veranstaltungen ändern sich wenig. Ich kann immer hierher zurückkommen, ohne mich fremd zu fühlen. Im Gegenteil, ich spüre jedes Mal aufs Neue: Hier bin ich daheim, hier kenne ich mich aus und weiß, wie es läuft.

Dieser Gegensatz ist sehr spannend: Ich bin ein Mensch, der ständig in Bewegung ist, der sich permanent weiterentwickeln möchte, und ich genieße gerade in den letzten Jahren sehr meine Freiheit nach der langen Zeit im Leistungssport. Dennoch brauche ich als Gegenpol diese Beständigkeit. Sie stellt für mich einen Orientierungspunkt dar, ohne den ich mich verlieren würde. Das war schon zu Biathlonzeiten so. Wenn ich beispielweise von Sibirien heimkam und meine Berge sah, erkannte ich: Alles ist wie immer! Ich konnte mich erden und Kraft schöpfen und drei Tage später wieder mit gutem Gefühl wegfahren.

* * *

Heimat sind für mich Menschen. Die Familie meiner Mama stammt aus Grainau, die meines Papas aus Partenkirchen. Schon meine Großeltern kommen also aus der Gegend und wir alle wohnen auch heute noch hier. Diese Nähe und der Rückhalt meiner Familie geben mir Sicherheit. Zwar bin ich nicht der Familienmensch, der jeden Sonntag etwas gemeinsam unternehmen muss und von einer Familienfeier zur nächsten eilt. Im Gegenteil: Ich bin sogar sehr froh darüber, dass wir in unserer Familie frei aufgewachsen sind und nicht vielen familiären Verpflichtungen nachkommen mussten. Aber allein zu wissen, dass wir füreinander da sind, wenn jemand von uns etwas braucht, und dass wir uns völlig aufeinander verlassen können, bedeutet mir sehr viel. Und, zugegeben, praktisch ist es auch ein bisschen: Ich bin oft unterwegs und brauche dann etwas von zu Hause, manchmal habe ich etwas vergessen oder ein wichtiges Paket muss angenommen werden. Diese Dinge übernimmt dann immer mein Bruder Pirmin für mich. Eigentlich müsste er schon völlig genervt davon sein. Aber stattdessen fragt er nur schmunzelnd: »Na, Laura, was hast wieder vergessen, was brauchst?« – und erledigt anschließend alles ohne Murren und in aller

Ruhe. Er ist der beste Bruder, den man sich vorstellen kann, und ich bewundere ihn sehr für seinen Fleiß und seine Gelassenheit.

Auch die meisten meiner Freunde sind entweder immer noch oder wieder zurück in Garmisch-Partenkirchen und Umgebung. Mit vielen von ihnen bin ich schon seit meiner Kindheit oder Jugend befreundet. Sie waren auch während meiner Biathlonzeit ein großer Rückhalt für mich: Sie flogen mir teilweise bis nach Skandinavien, Kanada oder sogar Korea hinterher, um bei meinen Rennen dabei zu sein und mich anzufeuern. Vor allem aber hatten wir immer eine verdammt lustige Zeit miteinander. Sie schenkten mir die nötige Lockerheit und Ablenkung, indem wir uns und den Sport nicht zu ernst nahmen. Diese Geschichten und die gemeinsamen Erlebnisse verbinden uns und bleiben in Erinnerung. Es spielt keine Rolle, wenn wir uns zwischendurch längere Zeit nicht sehen, das tut unserer Freundschaft keinen Abbruch: Gute Freunde sind für mich diejenigen, von denen man ewig nichts hört, aber wenn man sie trifft, fühlt es sich genauso gut an wie früher.

Alle meine Freunde sind in den Bergen aktiv, wenn auch mit unterschiedlich ausgeprägter Intensität. Unsere jeweiligen Prioritäten im Leben haben sich verschoben, viele haben eine Familie gegründet. Aber wir versuchen trotzdem, uns zumindest mal auf einen Kaffee zusammenzusetzen, eine Skitour zu machen oder uns beim Auf- oder Abtrieb auf den Hütten zu treffen.

Ich schaffe nicht alle Termine, aber bei mindestens einem oder zwei im Jahr versuche ich dabei zu sein. Es ist mir sehr wichtig, gerade weil ich so viel unterwegs bin, meine Freunde bei solchen Anlässen zu treffen – ob nun oben im Oberreintal oder bei der Kirchweih an der Krottenkopfhütte (Weilheimer Hütte). Denn da kommen wir in geselliger Runde zusammen und tauschen uns darüber aus, wie der Sommer (oder Winter) war und was wer von uns so unternommen hat. Ich brauche das sehr, meine Erlebnisse mit ihnen zu teilen, es würde mir ansonsten etwas fehlen. Dabei geht es nicht um wechselseitige Prahlerei, sondern um einen Austausch, um die Wertschätzung der anderen und ihrer Vorhaben und Erlebnisse. Ich lasse mich auch gerne von den Erzählungen meiner Freunde inspirieren.

Meist sind das sehr ausgelassene Feste: Es wird Musik gemacht und getanzt. Während meiner Biathlonzeit fanden die Abtriebe zeitlich oft nach sehr anstrengenden Lehrgängen statt, von denen ich ziemlich platt nach Hause kam. Aber dann stiegen wir gemeinsam auf, schauten uns den Sonnenuntergang über den Bergen an, setzten uns anschließend in die Hütte, feierten zusammen – und mir ging es wieder gut. Ich muss in keine Diskothek in der Stadt fahren, aber unsere Festl am Berg, die müssen sein!

Gemeinschaft wird bei uns auch in Vereinen gelebt. Die einen sind im Trachten- oder Alpenverein aktiv, meine Familie schon lange in der Bergwacht. Ich bin damit groß geworden, dass fast jedes Mal, wenn wir an

Festtagen zu Hause beisammensaßen, der Piepser meines Vaters ging und er für den Rest des Tages unterwegs war. Meine Mama nervte das ziemlich: »Immer dieser blöde Piepser, ständig ist der Andi weg!« Ich hingegen fand das immer sehr spannend und meinte: »Das will ich auch mal machen!« Es dauerte aber noch einige Zeit, bis es so weit war, denn mein Papa hielt anfangs nicht besonders viel davon. Damals hieß es oft noch: »Die Bergwacht ist nichts für Frauen!« Und bezüglich Jugendgruppen in der Bergwacht war er eher skeptisch. Und natürlich wusste er um den zeitlichen Aufwand und das nötige Engagement, die ich aus seiner Sicht neben dem Leistungssport nicht hätte aufbringen können. Ich verstand damals nicht, warum er in seiner Meinung so festgefahren war. Im Nachhinein betrachtet war es aber schon gut so: Als ich mit 18 Jahren endlich eintrat, war ich mir zumindest sehr sicher, dass ich es wirklich tun wollte und auch die Zeit dazu aufbringen konnte.

Ich bin nach wie vor in der Bergwacht aktiv und wenn ich zu Hause bin, übernehme ich Dienste, das heißt, ich bin per Piepser immer abrufbereit, falls ein Notruf im Bergwachtdepot eingeht. Wenn ich doch mal verhindert bin, kann mich meist mein Bruder Pirmin vertreten, der ebenfalls bei der Bergwacht mitmacht. Besonders gerne mag ich die zusätzlichen Skidienste auf den Bergwachthütten im Winter. Mindestens viermal im Jahr gehe ich dafür mit anderen Ehrenamtlern auf eine Hütte, um direkt im jeweiligen Skigebiet für Einsätze zur Verfügung zu stehen. Solange nichts passiert, vertreiben wir uns die Zeit gerne mit Schafkopf spielen. Wenn aber ein Einsatz reinkommt, rücken wir aus und geben gemeinsam alles. Und an manchen Tagen wird es auch mal richtig stressig und wir sind von morgens bis abends auf Einsätzen draußen. Diese Art von Gemeinschaft finde ich etwas ganz Besonderes, weil man nicht nur Zeit zusammen verbringt, sondern mit vereinten Kräften etwas schafft und anderen hilft. Deshalb engagiere ich mich mit großer Leidenschaft in diesem Verein.

* * *

Heimat ist für mich das Wettersteingebirge. Ich mag es, von den großen Bergen in den Westalpen in das überschaubare Wetterstein heimzukommen. Es ist alles so kompakt und übersichtlich hier. Ein »Nordlicht« sähe das sicher anders. Schon oft habe ich von Norddeutschen gehört: »Boa, das ist ja riesig hier!« Aber ich bin es gewohnt, diese Gipfel und Wände direkt vor Augen zu haben. Im Vergleich mit den Bergen in Chamonix, wo ich oft bin, sind sie auch wirklich nicht besonders hoch. Wir haben auch keine 2000-Meter-Wände.

Die verschiedenen Ausprägungen und Höhenstufen sind hier klar erkennbar: Unten die Flussauen um die Loisach, die langsam in sanfte Hügel mit Almwiesen und Laub- und Nadelhölzern übergehen. Dazwischen glitzern blaue und grüne Seen wie der Eibsee oder der Rießersee. Es folgen die Latschenkieferzonen und schließlich die grauen, oft auch weißen Felswände und -türme von Gipfeln wie Musterstein, Alp- und Zugspitze.

In unserer Region bekommt das Auge ganz viele verschiedene Farb- und Strukturelemente geboten und auch die Nase kommt nicht zu kurz, ob nun im nach Moos und Pilzen riechenden Wald oder in sonnenbeschienenen Latschen mit ihrem harzig-erdigen Duft. Ich mag diese Mischung sehr, ich könnte in keiner Landschaft leben, in der es beispielweise nur Fels und Eis gibt oder wo nur Winter herrscht. Das wäre mir auf Dauer viel zu eintönig, hart und zu rau.

Der Kalkfels im Wetterstein ist weniger kompakt als beispielweise Granit. Aber dieses Gestein und die mit ihm verbundenen Bedingungen fürs Bergsteigen verbinde ich mit »Zuhause«, das ist das, was ich kenne und womit ich umzugehen weiß. Es tut jedes Mal gut, zurückzukommen und das Vertraute zu sehen und zu spüren. Hier kann ich am besten feststellen, wo ich bezüglich meiner bergsteigerischen Verfassung gerade stehe: Wenn ich zum Beispiel zum Kleinen Waxenstein gehe und mir die Wegfindung schwerfällt, dann weiß ich, dass ich gerade total neben mir stehe. Läuft es aber wie am Schnürchen, kann ich mir sicher sein: Es passt alles, ich bin fit und es ist alles wie immer.

Mein Physiotherapeut sagt gerne zu mir: »Laura, du bist immer so getrieben.« Und ja, mir reicht es nicht, die Berge nur von meinem Balkon aus anzuschauen – auch wenn ich in diesen Bergen schon x-mal unterwegs war, muss ich immer wieder rausgehen und sie besteigen.

Und wenn ich eine Tour gemacht habe, will ich gleich wieder eine hinten dranhängen. Das kommt einer Art Sucht gleich.

Ich kenne einige Menschen von hier, die früher bergsteigerisch sehr aktiv waren, die jetzt aber ruhiger geworden sind und von sich sagen: »Mir reicht es, wenn ich die Berge mit einer Tasse Kaffee von der Terrasse aus anschaue.« Dann schieben sie oft hinterher: »Wirst sehen, Laura, du wirst auch noch ruhiger werden.« Aber noch bin ich nicht so weit. Noch trinke ich meine Tasse Kaffee, **nachdem** ich am Berg war.

* * *

Heimat ist für mich das Oberreintal. Wo es mich mehrmals im Jahr hinauftreibt, ist ein abgeschiedener Talkessel fast 1000 Höhenmeter über Partenkirchen. Es ist ein magischer Ort mit einer urigen Kletterunterkunft, der Oberreintalhütte, auch Franz-Fischer-Hütte genannt, die zwischen knorrigen Ahornbäumen und alten Zirben steht. Rundherum ragen auf sehr imposante Weise riesige graue Felswände und -türme in den Himmel.

Es erfordert ein bisschen Zeit und Anstrengung, dort hinaufzukommen: Auch geübte Bergsteiger benötigen auf dem steilen Steig durch den Wald an die drei Stunden bis zur Hütte. Sie ist bereits seit über 100 Jahren ein Treffpunkt für Alpinkletterer, die wenigen Schlafplätze sind nur ihnen vorbehalten. Wanderer sind quasi »unerwünscht«.

Es ist wild und rau da oben und das spiegelt sich auch in den Menschen und der Hütte wider. Von Luxus ist dort keine Spur: Gekocht wird, was die Kletterer mitbringen, und geduscht wird oben am Wasserfall oder unter den Augen der anderen an der Außendusche vor der Hütte. Auswärtige haben es zugegebenermaßen nicht ganz leicht. In der Regel werden sie erst mal kritisch beäugt und müssen sich den einen oder anderen Spruch anhören.

Aber letztlich darf hier jeder sein, wie er ist. Es gibt gefühlt keine Regeln - ein Ort großer Freiheit! Alle haben eine gute Zeit, denken nicht ans Gestern oder Morgen und sind frei in ihrem Tun und Lassen - ob beim Klettern oder einfach nur Abhängen bei der Hütte. Oft ergeben sich interessante Gespräche und spannende Diskussionen, dabei sagt jeder frei, was er denkt.

In den Routen rund um die Hütte wird einem ein gewisses Kletterkönnen abverlangt: Wer keinen alpinen Sechser klettern kann, tut sich dort oben schwer. Und Erfahrung im alpinen Gelände ist ein Muss, denn bereits die Zustiege und vor allem die Abstiege sind teilweise ziemlich abenteuerlich und nicht ungefährlich. Für mich gibt es dort oben - obwohl ich schon so viele Jahre hinaufgehe - immer noch ein paar Ecken, wo ich noch nie war. Aber ich klettere auch mal Routen zum zweiten oder dritten Mal, weil sie so geniale Kletterei bieten.

Mein Papa hat mich bereits als Kind oft mit ins Oberreintal genommen. Schon damals war es für mich etwas ganz Besonderes, mit den erfahrenen Kletterern dort oben zu sein, von ihnen die wichtigsten Knoten zu lernen und ihrer zünftigen Musik zu lauschen. Heute sind die Hütte und der Talkessel mit seinen Felsen ein ganz besonderer Kraft- und Ruheort für mich: Es ist mein Lieblingsort. Wenn ich dort oben bin, schaue ich nicht aufs Telefon und kann die Welt unten im Tal völlig vergessen.

Was ich besonders genieße, sind Unterhaltungen mit älteren Kletterern, die schon seit Jahrzehnten zur Oberreintalhütte kommen. Dazu gehört zum Beispiel Leni. Sie ist Mitte 50, klettert jedes Jahr mindestens einmal dieselbe Route, ihre »Sonntagsarbeit«, und erzählt mir gerne davon, wie sie schon mit der Jungmannschaft des Alpenvereins (Gruppe junger Erwachsener zwischen 18 und 25) zum Klettern hier heraufgekommen ist. Im Großen und Ganzen sind es die gleichen Geschichten wie heute. Aber genau das ist es, was mich fasziniert und warum der Ort für mich einen sicheren Hafen darstellt: Weil er sich über die Jahre kaum verändert. Egal, wann ich hochgehe, es sieht immer alles gleich aus, ich treffe dieselben Kletterer und auch das Bier schmeckt immer gleich (gut). Es ist ein echtes Kleinod – einfach und ohne Schnicknack wie Internet –, das unbedingt so bleiben muss, wie es schon immer war!

* * *

Heimat ist für mich Klettern und Bergsteigen. Neben den alpinen Kletterrouten im Oberreintal sind es vor allem die vielen Grate im Wetterstein, die ich besonders schön finde: Waxensteingrat, Jubiläumsgrat, Blassengrat, Wettersteingrat, Teufelsgrat etc. - oft nur Zweier- oder Dreier-Klettergelände, aber eine wunderbare »Spielwiese«. Von meiner Wohnung aus kann ich sie zu Fuß oder mit dem Rad erreichen. Garmisch-Partenkirchen ist ein optimaler Ausgangspunkt für sämtliche Tourenmöglichkeiten. Dafür bin ich dankbar und ich schätze das nach wie vor sehr - auch wenn ich die meisten Berge um den Ort inzwischen gut kenne und sie daher als bergsportliche Ziele für mich nicht mehr ganz so spannend sind.

Hier kann man zu allen Jahreszeiten etwas unternehmen: Bergtouren, Klettersteige, alpine Klettertouren, Trails, Skitouren, schwere Mixedtouren (Fels und Eis) und Winterbesteigungen. Das Einzige, was es weniger gibt, sind gute Sportklettermöglichkeiten. Dafür gibt es eine kleine Boulderhalle. Sie ist nicht vergleichbar mit den großen Hallen wie in München. Sie ist nicht schick, eher ein muffiger Raum. Aber es gibt eine große Anzahl schwerer Boulder, einen gemütlichen Bistrobereich und vor allem liebe und lustige Menschen, die der Halle einen ganz besonderen Charme verleihen. Sie ist der einzige Klettertreff im Tal. In der Halle habe ich viele Stunden zusammen mit meinen Spezln von der Garmisch-Partenkirchner Jungmannschaft verbracht, und auch heute gehe ich noch gerne zum Trainieren dorthin. Die (provisorische) Halle muss wegen der Sanierung des Alpspitz-Wellenbads leider geschlossen werden. Jetzt wird's wirklich Zeit für unsere eigene Kletterhalle!

Zum Klettern mit Gleichaltrigen kam ich durch die Klettercamps, die Waschti, der Cousin meiner Mama, jedes Jahr in der ersten Augustwoche leitete. Im ersten Jahr kostete es mich etwas Überredungskunst, meine Eltern von einer Teilnahme zu überzeugen, denn ich war mit acht Jahren die Jüngste in dieser Gruppe. Doch schließlich erlaubten sie es mir und ich war im Anschluss so begeistert, dass ich fünf Jahre lang immer diese erste Woche im August in den Klettercamps verbrachte. Sie fanden erst am Kreuzeck, dann in der Fränkischen Schweiz und zuletzt in den Tannheimer Bergen statt und Waschti lehrte uns in dieser Zeit von der Pike auf alles, was beim Klettern wichtig ist.

In der Folgezeit versuchte ich das erlernte Wissen aus den Klettercamps umzusetzen. Ich überredete dafür ein paar Schulfreundinnen, die ich auch vom Skifahren kannte. Wir probierten uns ein paarmal an den Routen im Klettergarten *Herrgottschrofen* und nachdem ich von meiner Cousine eine Bouldermatte geschenkt bekommen hatte, sind wir mit dieser riesigen Matte auf dem Mountainbike Richtung Eibsee geradelt und dort an den Felsen herumgekraxelt.

Mit 16 Jahren lernte ich schließlich auf einem Fest eine Gruppe von sehr guten Kletterern aus Grainau kennen, die als die »Laser-Gang« bekannt waren. Von da an eroberte ich gemeinsam mit ihnen die Berge ringsum. Sommer wie Winter. Wir gingen x-mal an die *Techno-*

wand oder fuhren nach Kochel oder in die Leutasch zum Klettern. Wir fingen mit dem Eisklettern an und probierten andere alpine Spielarten aus. Als unser großes Ziel riefen wir aus: »Wir trainieren für einen 4000er!« Wir nahmen es aber nicht zu ernst, blödelten auch viel herum und hatten einfach unseren Spaß. Später stießen wir zur Garmischer Jungmannschaft dazu.

Durch den Kontakt mit den Jungs aus Grainau gehe ich schon seit Jahren gerne zu den Waxensteinen. Vor allem der Kleine Waxenstein hat es mir angetan. Erst wenn ich dort hinaufgestiegen bin, fühle ich mich so richtig daheim. Es war deshalb auch immer das Erste, was ich unternahm, wenn ich von anstrengenden Biathlonlehrgängen zurückgekommen bin - auch im Winter zwischen den Weltcuprennen. Eigentlich war ich k. o. und brauchte Pause beziehungsweise musste die Pause zum Packen, Organisieren oder Regenerieren nutzen. Aber was machte ich? Fuhr nach Grainau und kletterte erst mal auf den Kleinen Waxenstein. Er ist mein Lieblingsberg, weil es keinen markierten Wanderweg und keine richtigen Routen hinauf gibt. Man kraxelt dort einfach so herum und auch die Orientierung ist recht anspruchsvoll. Es ist ein wildes Gelände, in dem ich sehr gut »spielen« und viel ausprobieren kann. Es ist ein prima Übungsgelände zur Vorbereitung für größere Unternehmungen und man hat von dort oben einen tollen Blick.

Im Winter locken mich der Hausberg und das Kreuzeck: Trotz des Skigebiets und der vielen Verbauungen schätze ich den Berg als kurzes Skitourenziel sehr. Ich gehe gerne – oft mit Freunden – ganz in der Früh mit den Skiern hinauf, noch bevor die Pistenraupen fahren und der Skibetrieb beginnt. Wenn ich dann bei den ersten Sonnenstrahlen oben am Kreuzeck ankomme und einen Kaffee trinke, dann ist das ein richtig gutes Gefühl! Diese Tour ist ganz banal und eigentlich nichts Besonderes, aber sie gehört zu den Klassikern meiner Heimat, bei denen man jedes Mal aufs Neue an die Schönheit unserer Region erinnert wird.

Natürlich gibt es nach wie vor viele Touren im Wetterstein und vor allem im benachbarten Karwendel, die ich noch nicht gegangen bin. Aber die klassischen und schönsten Linien sowie die für mich spannendsten Touren im sechsten und siebten Schwierigkeitsgrad habe ich geklettert. Für schwierigere Touren müsste ich schwerer klettern können und regelrecht trainieren und projektieren. Aber dafür bin ich nicht so der Typ. Vor allem, weil es in den Dolomiten und Westalpen noch so viele schöne Linien und Klassikerrouten mit Geschichte gibt, die einen unheimlichen Reiz auf mich ausüben und in einem Schwierigkeitsgrad liegen, der mich zwar gut fordert, den ich aber meistern kann. Wenn ich mehrere freie Tage zur Verfügung habe, fahre ich daher mittlerweile lieber in andere Ecken der Alpen. Oder es kommt der Punkt, an dem es mir zu Hause mal wieder langweilig wird. Dann ist die Zeit gekommen, wieder loszuziehen und der geliebten Heimat für eine Weile den Rücken zuzukehren.

* * *

Die Berge sind meine Heimat. Ich fühle mich in allen Berglandschaften immer ein Stück weit zu Hause. In den Bergen kenne ich mich aus, in ihnen fühle ich mich wohl, dort fühle ich mich frei. Berge bilden für mich eine Basis, die zu Hause am stärksten und in anderen Gebirgen etwas schwächer ist. Ich brauche die Berge für meine innere Orientierung und kann mich gleichzeitig auch in Gebirgen viel leichter geografisch orientieren. In Ebenen suche ich auch noch jede kleinste Erhebung, laufe hinauf und versuche die Gegend einzuordnen.

Selbst wenn ich Radtouren über weitere Strecken mache, fahre ich lieber über hohe Pässe als unten drumherum: Da sehe ich etwas, da tut sich etwas. Sogar 1000 Höhenmeter kommen mir dann nicht so anstrengend vor wie 100 Kilometer Flachfahrt - mich reizen deshalb auch keine Marathonläufe auf der Straße, das ist mir viel zu langweilig.

Das heißt nicht, dass ich flache Landschaften nicht auch interessant finde. Mich fasziniert es zum Beispiel, wie lange man die Sonne sehen kann. Denn wenn man wie ich in einem Tal aufgewachsen ist und lebt, verschwindet die Sonne vergleichsweise früh hinter den Bergen. Mir gefällt es auch, die Weite und den Horizont überblicken zu können. Das genieße ich gerne mal ein paar Tage, aber dann reicht es auch wieder und ich muss zurück in eine bergige Umgebung.

Ich fühle mich mit Menschen aus ähnlichen - auch weiter entfernten - Landschaften verbundener als mit solchen, die vielleicht näher, aber in einer großen Stadt wohnen. Die Berge und das Leben in ihnen bilden automatisch einen gemeinsamen Nenner. Uns »Bergler« beschäftigen ähnliche Themen – das Wetter, die Bedingungen, die Ernte, die Tiere –, das macht es mir in der Regel einfacher, einen schnellen Zugang zu den Menschen zu finden. Den Alltag der Städter bestimmen ganz andere Dinge. Es fällt mir einfach schwerer, mich in sie hineinzuversetzen. Genauso wie sie oft keine Vorstellung davon haben, was in den Bergen wichtig oder möglich ist. Sie können nicht verstehen, dass zum Beispiel ein Alm- oder Hüttenwirt tagsüber telefonisch nicht erreichbar ist. Auch nicht per Handy oder E-Mail. »Kein Netz? Gibt es das noch?« – »Ja, in den Bergen gibt es noch einige Ecken ohne Mobilfunknetz und WLAN-Anschluss.« Manche sind dann völlig überrascht! Sie meinen es gar nicht wertend, es war ihnen einfach nicht bewusst.

Alle Begriffe, die ich mit Heimat verbinde, sehe ich in einem bergigen Kontext. Ich fühle mich deshalb nicht nur in Garmisch-Partenkirchen und im Wetterstein zu Hause, sondern zu einem gewissen Grad auch in anderen Gebirgen, allen voran in den Dolomiten: Ähnlich wie ins Oberreintal muss ich mindestens einmal, am besten mehrmals im Jahr zum Klettern dorthin fahren. Meine Liebe zu den Dolomiten habe ich schon sehr früh entdeckt. Als Kind war ich oft mit meinen Eltern auf Mehrtagestouren dort und später entdeckten wir mit der Jungmannschaft und meinen Kletterkameraden die Dolomiten für uns.

Die Landschaft ist einfach großartig: Überall ragen aus den sanften Wiesenhängen wie riesige Zähne die grauen Felsen mit unzähligen Zapferln und Türmerln heraus.

Der Dolomit ist ein tolles Gestein, das schönste Kletterei bietet. Er ist sehr rau, bietet fast immer viele Löcher, Dullen und Leisten. Man kann gut stehen, es ist steil, aber in meinem Schwierigkeitsgrad nicht überhängend. Teilweise muss man selbst Haken schlagen. Hier kann ich (noch) so viel erleben!

Außerdem ist die Gegend sehr geschichtsträchtig. Sie war Kriegsschauplatz zweier Weltkriege, von denen immer noch Überbleibsel zu sehen sind. Gipfel wie die Drei Zinnen wurden vielfach abgebildet und sind weltberühmt. Viele Kletterrouten wurden von prominenten Bergsteigern wie Walter Bonatti, Emilio Comici und Riccardo Cassin erstbegangen. Auch mein Papa war schon in seiner Jugend und mit der Bundeswehr oft in den Dolomiten unterwegs. Er hat ehrfürchtig von ihnen erzählt, nannte viele Namen, was mich früh neugierig auf diese Gegend gemacht hat. Wenn meine Kletterfreunde und ich dann mal wieder auf der Suche nach neuen Abenteuern waren, kamen die Tourenvorschläge oft von mir: »Hat mir mein Papa schon davon erzählt, die Tour müssen wir machen, die ist kein Problem für uns!« Ich finde es unglaublich spannend, solche Klassiker zu klettern und mich mit anderen Kletterern darüber zu unterhalten, die die Routen auch kennen.

Und nicht zuletzt sind die Südtiroler einfach unglaublich nette Menschen. Fast überall lassen sich ein guter Kaffee oder ein Rotwein trinken, leckere Panini oder Pizzen essen. Am liebsten schaue ich aber bei Erna vorbei. Seit vielen Jahren schon steht die kleine rüstige Südtirolerin in ihrer Tankstelle in Toblach und bewirtet von morgens bis abends ihre Gäste: Kletterer kommen auf einen Frühstückskaffee und eine frische Semmel hierher, gehen anschließend an den Zinnen klettern und kommen am Nachmittag für einen Apéro wieder zu Erna zurück. Polizisten und Handwerker verbringen hier ihre Pause. Und so schnell kann man gar nicht schauen, da ist der Laden voll von lustigen Menschen, die sich unterhalten und sich gegenseitig Geschichten erzählen. Ein richtiger Szenetreff ist diese Tankstelle. Ich weiß noch sehr gut, wie ich vor bald zehn Jahren das erste Mal zu Erna kam. Mein Kletterpartner Peter nahm mich damals mit zu ihr und Erna kam gleich herbei: »Ja, was habt's denn gemacht? Und mit einem Mädel! Was seid ihr denn geklettert, Peter, du voran, oder?« Ich daraufhin: »Naa, wir sind schon überschlagend geklettert.« Und Erna voller Respekt: »Was, und du auch voran? Mei, toll, so was!« Sie ist so eine warmherzige, offene und lustige Frau, die nur so sprüht vor Lebensfreude. Einmal fuhr ich nach den Weltcuprennen extra nach Toblach und brachte ihr einen Blumenstrauß. Davon erzählt sie mir heute noch mit Tränen in den Augen. Ein Besuch bei Erna ist für mich Pflicht, sobald ich nur halbwegs in der Nähe bin. Umwege nehme ich dafür gerne in Kauf.

Jedes Mal, wenn ich über den Brenner fahre, geht mir das Herz auf. Vielleicht wage ich es ja doch irgendwann einmal – zumindest für eine gewisse Zeit –, von Garmisch wegzuziehen. Die Dolomiten würden auf alle Fälle ganz oben auf der Liste potenzieller Wohnorte stehen.

Kapitel 7
Und dann zieht's mich wieder in die Ferne

Ich bin sehr neugierig und mir wird schnell langweilig. Wenn ich zu lange im Alltagstrott gefangen bin, kommt früher oder später der Moment, wo ich wieder etwas Neues sehen und erleben will. Dann zieht es mich weg – nicht nur von zu Hause, sondern auch von den Alpen. Ich bekomme Lust, in ein Land zu reisen, das ich nicht kenne und von dem ich überhaupt nicht weiß, was dort auf mich zukommt. In meiner Biathlonzeit war ich jeweils im Frühjahr drei bis vier Wochen unterwegs. Denn während ich jetzt die Freiheit habe, zeitlich flexibler und öfter zu verreisen, konnten meine Reisen damals in der Regel immer nur im April zwischen den Wettkampfsaisonen stattfinden.

Im Vordergrund stehen bei meinen Reisen das Klettern und Bergsteigen. Als Bergsteigerin bin ich in der Regel in eher abgelegeneren Regionen unterwegs, wo ich viel von der dortigen Kultur erleben, sehen und mitnehmen darf. Mir ist es nicht wichtig, Städte anzuschauen und Sehenswürdigkeiten abzuklappern. Total spannend finde ich es hingegen, die Menschen und ihre Lebensweise kennenzulernen. Als Bergsteigerin bin ich auch viel mehr auf diese Menschen angewiesen – ob auf die Mulifführer in Peru, die Sherpas in Nepal, die Fahrer im Iran und in Georgien oder den Kontaktmann in Russland: Ich bin davon abhängig, dass mich diese Menschen unterstützen und mit mir zusammenarbeiten. Ich kann keine Mulis im Internet buchen und ich bekomme in Deutschland keine verlässlichen Informationen darüber, wie die Verhältnisse am Berg Tausende Kilometer entfernt sind. Ich muss mit den Menschen in Kontakt treten, mit ihnen reden, mit ihnen für eine gewisse Zeit leben, ihnen vertrauen und manchmal auch (fast) alles mit ihnen teilen. Da kommt man sich sehr nahe.

Manchmal holt mich das auch wieder auf den Boden der Realität zurück: Von Nepal bin ich zum Beispiel heimgekommen und war sehr schockiert, wie sich diese Menschen als Träger für uns aufarbeiten, aber gar keine andere Wahl haben. Und ich habe zum ersten Mal realisiert, was für ein Luxus es ist, immer eine heiße Dusche und eine vernünftige Toilette zur Verfügung zu haben.

* * *

Meine eine erste große Reise in ferne Berge führte mich 2013 in den Kaukasus. Wie gesagt konnte ich nur im Frühjahr Urlaub machen und wir hatten uns überlegt, den heimischen Tourenbergen den Rücken zu kehren und unser Skitourenabenteuer am Elbrus zu suchen, mit 5642 Metern Russlands höchster Berg. Wir waren zu fünft: meine Freunde Bertl, Hanni und Teresa, mein Papa und ich. Ich weiß noch genau, wie ich in der Nacht vor Abflug im Bett lag und mir dachte: »Wow, wie wird das wohl sein? Morgen um diese Zeit bist du schon ganz woanders, mitten in den russischen Bergen ...« Zwar war ich zuvor schon mit dem Biathlonteam in Russland gewesen und hatte einen ersten Eindruck von Land und Leuten bekommen. Aber diese Reise in den Kaukasus war etwas anderes: nicht streng organisiert, sondern wir waren auf uns allein gestellt. Ich war richtig aufgeregt!

Die ersten Tage verbrachten wir damit, uns zu akklimatisieren. Während die meisten Bergsteiger dafür nach einer Auffahrt mit dem Sessellift ins Skigebiet des Elbrus immer wieder die gleiche Strecke rauf- und runtersteigen, wollten wir noch etwas anderes sehen. Wir hielten uns vom Skigebiet aus in südwestlicher Richtung, um einen niedrigeren Nebengipfel zu besteigen. Es war eine geniale Tour und es machte großen Spaß: Für den steilen Gipfelaufbau benötigten wir sogar Eispickel und die Abfahrt auf der anderen Seite erfolgte über eine schöne, steile Firnflanke. Unten angekommen, schnallten wir die Ski ab und machten uns zu Fuß auf den Weg. Zu unserem Ausgangspunkt, dem Ort Terskol, lag ein längerer Rückweg vor uns. Nach einiger Zeit erreichten wir einen etwas breiteren Bach. Es war aber nirgendwo eine Brücke zu sehen. »Tja, da müssen wir jetzt wohl so rüber ...«, stellte mein Papa fest und forderte uns auf: »Auf geht's, ein beherzter Sprung, das geht schon!« Einer nach dem anderen setzte daraufhin an und sprang mithilfe der Skistöcke über den Bach. Dann war Bertl an der Reihe. Er sprang ab, kam auch ohne Probleme drüben an, verlor dabei aber seinen Skistock, der ins Wasser plumpste. Die Strömung trug ihn sofort mit sich. »Mist! Hinterher!« Wir spurteten los. Gerade noch rechtzeitig, bevor er endgültig weg gewesen wäre, fischten wir ihn heraus.

Plötzlich standen zwei russische Soldaten in olivgrünen Uniformen vor uns. »Mitkommen!« Wir zuckten zusammen. Was war denn jetzt los? »Warum??« Wir waren völlig perplex und hatten keine Ahnung, was das sollte. »Nicht fragen, mitkommen!«, war ihre spärliche Antwort. Wir hatten keine Wahl und marschierten hinterher. Nach einer Weile begann Teresa, sich mit dem einen der beiden Soldaten zu unterhalten, und fiel dabei immer weiter hinter uns zurück. »Was will der bloß von ihr?«, machte ich mir Sorgen. Wir riefen zu ihr nach hinten: »Teresa, geh doch nicht so langsam, komm zu uns! Pass auf!« Letztendlich stellte sich aber heraus, dass die Oma des Soldaten in Deutschland lebte, weshalb er ein paar Wörter Deutsch konnte. Und er war auch ganz freundlich. Was die ganze Aktion bedeuten sollte, verrieten sie aber immer noch nicht.

Zwei Stunden lang mussten wir in unseren Skischuhen hinter ihnen hertappen. Wir waren alle sehr angespannt. Endlich erreichten wir eine Straße, wo ein riesiger Militärlastwagen stand. »Mitkommen, Abfahrt.« Sie wiesen uns an, unsere Ski und Rucksäcke auf die Ladefläche zu legen, und auch die Männer mussten hinten aufsitzen, während Teresa und ich vorne mit in die Fahrerkabine »durften«. Unsere Angst wurde immer größer. »Was ist denn hier bloß los?«

Wir mussten unsere Ausweise in der Unterkunft holen, dann fuhren wir durchs Dorf in eine Kaserne und wurden dort ins Verhör genommen. Es ging einige Zeit hin und her: Was wir hier wollten und tun würden? In seiner Ratlosigkeit erzählte mein Papa irgendwann, dass ich erfolgreiche Biathletin sei und im nächsten Jahr an den Olympischen Spielen in Sotschi teilnehmen würde. Da waren die Soldaten auf einmal ganz aufgeregt: »Sotschi! Ja so was!«, riefen sie begeistert. »Das ist ja toll!« Schlagartig entspannte sich die Situation. Endlich rückten sie damit heraus, warum wir eigentlich hier waren: Wir seien während unserer Tour in das kritische Grenzgebiet zu Georgien eingedrungen – was nicht erlaubt sei. Sie hätten uns von der Kaserne aus beobachtet und es sei ihre Pflicht gewesen, uns deswegen abzuführen. Als Strafe müssten wir jetzt ein Bußgeld von umgerechnet fünf Euro pro Person bezahlen – wir waren fassungslos: Und dafür der ganze Aufriss!

Als wir uns in den nächsten Tagen am Elbrus der Höhe von 5000 Metern annäherten, ging es meinem Papa und mir recht gut. Da schlug ich ihm vor: »Weißt was, gehen wir doch gleich zum Gipfel, die Zeit haben wir noch.« Mein Papa war einverstanden. Auf den letzten 300 Metern bereuten wir es aber sehr. Wir waren doch noch nicht ausreichend akklimatisiert und es wurde sehr anstrengend. Mit Ach und Krach schafften wir es zum

Hauptgipfel. Nach einem Tag Pause stiegen wir dann zusammen mit Bertl, Hanni und Teresa noch einmal bis zum Sattel zwischen den beiden Elbrus-Gipfeln auf, von wo aus die anderen auf den Hauptgipfel gingen und mein Papa und ich zum Ostgipfel abbogen.

Anschließend trafen wir uns wieder am Sattel: Wir wollten es nicht bei der Besteigung des Elbrus belassen, sondern den Berg überschreiten und auf der Nordseite über den Gletscher abfahren. Wir hatten schon im Vorfeld von zu Hause aus von einer Hütte auf der Nordseite erfahren. Es war allerdings schwierig gewesen, genaue Informationen zu den Übernachtungsmöglichkeiten zu bekommen. In einer E-Mail schrieb unser russischer Kontaktmann Victor damals noch, dass das kein Problem sei, er würde uns die Hütte buchen. Als wir ihn vor Ort dann wieder darauf ansprachen, fing er auf einmal an herumzudrucksen: »Hm, ja, schwierig. Warum wollt ihr überhaupt auf die Nordseite?« Er wurde aber nicht konkreter und meinte dann nur: »Die Hütte ist geschlossen, aber ich organisiere euch das schon.« Das alles war etwas dubios, hielt uns aber nicht davon ab, unseren Plan zu verfolgen.

Es herrschte sehr dichter Nebel. Zum Glück hatte uns Hanni im letzten Moment ein GPS-Gerät organisiert. Die Sicht war so schlecht, dass wir hintereinander in Pflugstellung fahren mussten. Im Whiteout verlor ich das Gefühl für unten und oben und mir wurde so übel, dass ich mich mehrfach in den Schnee plumpsen lassen musste – und das mitten auf dem Gletscher mit den Spalten:

Was für ein Wahnsinn! Wir hatten mehr Glück als Verstand.

Wie aus dem Nichts tauchte dann plötzlich ein Container vor uns auf. Er war verschlossen. Dann lichtete sich auf einmal der Nebel und wir erkannten ein paar Hundert Meter weiter einen weiteren, gelblich lackierten Container. Wir fuhren hin und er entpuppte sich als »unsere Hütte«. Mein Papa drückte die Türklinke: »Oh, was ist denn da los?« Nacheinander traten wir ein, um zu sehen, was mein Papa meinte: Das war keine warme Hütte, sondern eine kalte Baustelle! Auf dem hellen Holzboden lagen überall Werkzeug, Farben und Kabel herum, große rote Gasflaschen und befüllte Kunststoffsäcke standen mitten im Raum. Die kompletten Innenwände waren mit Plastikplanen abgehangen und zwischen Boden und Decke waren wie ein Gerippe Holzsteher eingeklemmt – mitten im Chaos stand ein Mann mit dunklem Schnauzer und einer beigen Kappe. Völlig verdutzt schaute er uns an. »Äh, hallo, wir haben die Hütte gebucht. Mit Halbpension. Bitte.« Der Mann brach in schallendes Gelächter aus und meinte in einer bunten Mischung aus Deutsch, Russisch und Englisch: »Ihr habt großes Glück, dass ich zufällig hier bin und arbeite. Gebucht ist hier gar nichts und zum Essen gibt es auch nichts. Was wollt ihr hier eigentlich?« Wir erzählten von unserem Kontaktmann und dass er behauptet hatte, er würde uns in der Hütte eine Übernachtung organisieren. Mikael, wie sich der Russe uns vorstellte, konnte es immer noch nicht ganz glauben, doch wir durften bleiben.

Im Container war es irre kalt, aber wir waren froh, ein Dach über dem Kopf zu haben. Glücklicherweise hatten wir Schlafsäcke dabei. Wir hängten unsere nassen Sachen über die Holzstreben, während Mikael seinen kleinen Gaskocher nahm und uns einen Schwarztee machte. Er bot uns auch seine Dosensülze an, die ich aber dankend ablehnte. Später brachte uns Mikael noch ein russisches Kartenspiel bei und der Abend wurde recht lustig.

Am nächsten Morgen bedankten wir uns bei Mikael, dass er uns trotz der Umstände aufgenommen hatte, und stapften in unseren Skischuhen los. Zum Abfahren hatte es nicht mehr genug Schnee. Wir hielten uns immer talauswärts, in der Hoffnung, die Straße zu finden, wo uns ein Fahrer abholen sollte – zumindest hatten wir das ein paar Tage zuvor so vereinbart.

Wir gingen und gingen. Irgendwann begann es auch noch zu regnen. Es war schon später Nachmittag, als mitten in der Pampa ein großes Kieswerk und dahinter endlich ein nicht asphaltierter Fahrweg auftauchte – aber von unserem Fahrer keine Spur. »Schaut mal, zwei Spaziergänger, die fragen wir, ob sie uns mitnehmen können!«, rief Teresa. Eine stämmige Frau mit schwarzen Locken und grünem Parka und ihr Mann waren gerade auf dem Weg zu ihrem VW-Bus-ähnlichen, geländegängigen Buchanka. Wir liefen auf sie zu und quatschten sie an. Ungläubig schauten sie uns an, dann schüttelten sie vehement den Kopf. Wir waren ihnen wohl etwas unheimlich – in unseren pudelnassen Klamotten und mit den Skiern auf dem Rücken. Wir versuchten es noch einmal. »Net.« Wir flehten sie an: Wir hätten auch jemanden organisiert, der uns abholt. Der wäre aber bisher nicht aufgetaucht. Es sei schon spät und niemand sonst weit und breit ... Wir bearbeiteten sie, uns doch wenigstens mitzunehmen, bis ein Taxi entgegenkäme. Irgendwann knickten sie ein und wir quetschten uns zu siebt samt der ganzen Ausrüstung in den kleinen Bus und holperten über den unbefestigten Fahrweg davon. Erst nach fast 100 Kilometern kam uns Victor entgegen ...

Meine erste große Reise und gleich so ein Abenteuer! Zwischendurch hatte ich mich schon gefragt, was wir da eigentlich machten. Und im Nachhinein denke ich, dass wir auch ein wenig Glück gehabt haben, dass alles geklappt hat. Aber abgeschreckt wurde ich davon nicht. Der Kontakt mit den Einheimischen war sehr nett und die kaukasische Berglandschaft ist einfach wunderschön. Auf der Tour im Schnee erinnerte landschaftlich sogar einiges an die Alpen, aber unser Handeln war viel situativer und spontaner. Besonders die ungeplanten Begegnungen und Abenteuer machten die Reise zu einem unvergesslichen Erlebnis.

* * *

Nicht immer war bei meinen bisherigen Reisen das Drumherum so ereignisreich. Das Abenteuer lag dann eher bei der bergsteigerischen Aktion selbst – weil sie viel Ungewohntes und Unbekanntes bereithielt. So wie das Klettern im Yosemite-Nationalpark in der Sierra Nevada in Kalifornien:

»Laura, hast nicht Lust, mit mir eine Big Wall im Yosemite zu klettern?« Peter und ich saßen in der Oberreintalhütte und ich fragte mich, ob er wohl zu viel Weinschorle getrunken hatte. Ich eine Bigwall klettern? Ich kannte natürlich die Bilder der riesigen Granitwände von El Capitan und Half Dome und die Geschichten über die legendären Begehungen. »Das ist doch eine Nummer zu groß für mich, ich habe doch keinerlei Erfahrungen mit solchen Wänden.« Peter war im Gegensatz zu mir schon mal im Yosemite gewesen und um mir meine Unsicherheiten etwas zu nehmen, meinte er: »Da klettert man sowieso ganz viel technisch und wenig frei. Wir machen da einen super Plan: Die Seillängen zum Freiklettern mache ich und die technischen Abschnitte machst du.« Na dann ...

In meinem Frühjahrsurlaub 2015 ging es dann also ab nach Kalifornien. Wir wollten unbedingt ins Camp 4 in der Nähe des El Capitan. Der Campingplatz ist bei Kletterern aus der ganzen Welt sehr begehrt und oft voll. Es gilt wohl auch immer wieder ein anderes Vergabesystem. Wir hatten aber Glück und ergatterten tatsächlich einen Platz. Überhaupt ist dort alles etwas anders und viel reglementierter: Erlaubt sind nur Zelte. Unsere kompletten Nahrungsmittel mussten wir in *Bear-Boxes,* zirka 100 auf 80 Zentimeter großen verschließbaren Metallcontainern, verstauen. Leider sahen wir nie einen Bären.

Wir hatten uns vorgenommen, einen der großen Klassiker zu klettern, die *Salathé Wall*. Das ist eine der bekanntesten technischen Routen in der Tausend-Meter-Wand des El Capitan. Peter meinte noch zu mir: »Wirst sehen, da werden wieder Tausende von Leuten sein und erzählen, was sie alles machen und welchen Touren sie reißen wollen, aber machen tut dann keiner so richtig was ... Lass uns nicht zu viele Pläne machen, wenn wir in dieser Zeit überhaupt eine Big Wall hinbekommen, dann ist es eh schon super gelaufen.« Und genau so war es auch. Wir trafen die verrücktesten Typen, die uns alles Mögliche erzählten. Ein älterer Kletterer berichtete uns, er sei die *Salathé* schon vor vielen Jahren mal gegangen und wollte das jetzt noch einmal nacherleben. Klettern wollte er sie aber nicht mehr, deshalb sei er von außen herum zum Ausstieg der *Salathé* aufgestiegen, habe dort biwakiert und dann über die komplette 1000-Meter-Wand allein abgeseilt ...

Zum Eingewöhnen und Üben kletterten wir zuerst eine leichtere Bigwall. Vor uns waren schon Amerikaner - Amara und ihr Freund aus San Francisco, wie sich herausstellten sollte. Bald holten wir sie ein. Als eine schwierigere Routenvariante abzweigte, meinte Amara zu uns: »Macht doch die!« Wir hatten aber die dafür nötigen *Rivet Hanger* nicht (kleine Drahtschlingen zum Einhängen in Borhakenstifte). Ohne mit der Wimper zu zucken, meinte daraufhin Amara: »Hier, ich habe da ein paar, könnt ihr ausleihen.« Wir waren baff: »Wir wissen aber doch gar nicht, ob wir uns jemals wiedersehen werden!?« Dann gab sie uns ihre Nummer und meinte, bevor wir heimfliegen würden, sollten wir sie in San Francisco besuchen und sie würde uns bei der Gelegenheit auch gleich noch die Stadt zeigen. Ich konnte es kaum glauben: So eine Lässigkeit und Gastfreundlichkeit und das in so einem riesigen Land – das war echt beeindruckend! Und ich dachte ein wenig beschämt, wie es wohl wäre, wenn zwei Amis zu uns ins Oberreintal kämen und keine Schlingen dabeihätten. Wahrscheinlich würden wir sie auslachen. Aber den Schneid zu besitzen und zu sagen, »Hey klar, da, nehmt unser Zeug und gebt es uns in drei Wochen wieder«, das wäre ehrlich gesagt kaum vorstellbar.

Für die *Salathé* war es dann etwas schwierig, ein gutes Wetterfenster zu finden. Die beste Begehungszeit ist eigentlich im September/Oktober. Es war aber Frühjahr, das Wetter noch nicht so stabil und drei konstant gute Tage, die wir für unsere geplante Begehung gebraucht hätten, waren nicht in Sicht. Wir beschlossen, zumindest den *Freeblast,* die ersten Seillängen der *Salathé,* zu klettern und anschließend von den *Mammoth Terraces* wieder abzuseilen.

Die schweren Freikletterabschnitte übernahm Peter. Als ich im Vorstieg war, kam ich an eine Platte, die mit A0 angegeben war. Ich ging davon aus, dass ich mich nun möglichst oft an einer Expressschlinge nach oben ziehen müsste, um die Seillänge klettern zu können. Dann erreichte ich genau solch eine Stelle. Ich nahm eine Expresse von meinem Klettergurt und streckte mich nach oben, um sie zu clippen. Keine Chance. Ich kam nicht an den Haken heran. Ich stand und stand, reckte mich hin und her und versuchte alles. Es war nicht zu schaffen. Ich fing an, mich zu ärgern und innerlich auf die Routenbohrer zu schimpfen. Ich wusste nicht so recht weiter: Drüber klettern traute ich mich nicht, abklettern war keine Option, reinspringen sowieso nicht. »Was mache ich denn jetzt?« Dann kam mir eine Idee: Ich friemelte meinen Haargummi hervor und fixierte den Karabiner der Expresse so, dass der Schnapper offen blieb. Peter rief unter mir: »Was treibst du denn da eigentlich?« Aber mein Plan ging auf! Mit der offenen Expresse und viel Strecken schaffte ich es endlich, den Haken zu clippen. Wie geplant seilten wir später wieder von den *Mammoth Terraces* ab.

Dann kam es, wie es kommen musste: Es begann zu schneien und wurde richtig ungemütlich. Ratlos saßen wir am Campingplatz. Die verbleibenden Tage wurden weniger und unser Vorhaben stand auf der Kippe. Da schlug Peter vor: »Dann lass uns wenigstens zur Abwechslung aus dem Park rausfahren.« Wir suchten also den nächstgrößeren Ort auf, trafen uns dort mit Kathi und Beni – Freunde von zu Hause, die auch gerade in den USA waren – und gingen in eine Bar mit Liveband. Dort lernten wir Sarah und Codie kennen, ein lustiges Paar aus Texas, die ihre Flitterwochen in Kalifornien verbrachten. Sie fragten uns, wo wir schlafen würden. »Ja mei, im Auto.« – »Auf gar keinen Fall schlaft ihr im Auto! Wir laden euch ein, wir haben etwas außerhalb ein nettes Haus gemietet, es wäre eine große Ehre für uns!« – »Okay, warum nicht?«, war die einhellige Meinung. Das »nette« Haus war riesig – mit mehreren Etagen, einem riesigen Garten und sogar einem eigenen Whirlpool – und es wurde ein legendärer Abend, der uns in dem Moment vollkommen vergessen ließ, dass wir unser Vorhaben an der *Salathé* bis dahin noch nicht hatten verwirklichen können.

Zurück im Camp 4 warteten wir darauf, dass die Wand abtrocknete. Wir kalkulierten noch einmal unsere restlichen Tage durch und kamen zu dem Ergebnis, dass wir nicht mehr genügend Zeit hatten, um von ganz unten zu starten. Hinzu kam, dass wieder nur zweieinhalb Tage mit stabilem Wetter angesagt waren. Wir fassten also den Plan, am darauffolgenden Morgen anzupacken und für den ersten Wandteil (den wir ja schon geklettert waren) die Fixseile zu nutzen, um möglichst schnell die *Mammoth Terraces* zu erreichen. Von dort würden wir dann unsere eigentliche Kletterei beginnen.

Wir starteten um vier Uhr morgens und trafen dennoch fünf Franzosen vor uns in der Route an. Die ersten Seillängen zum Freiklettern stieg Peter vor und stieß bald auf die berühmt-berüchtigte *Hollow Flake*. Von ihr hieß es, dass es aufgrund ihrer Weite und Tiefe unmöglich sei, eine Zwischensicherung zu legen. Auch Top-Kletterer haben den größten Respekt vor ihr. Peter meinte: »Weißt was, gib mir doch mal ein paar große Cams mit!« – »Aber da geht doch angeblich nix ... « – »Ja, aber wer weiß? Und gib mir ruhig auch noch ein paar kleine Cams mit!« Am

Ende hatte er fast alle mobilen Sicherungsgeräte dabei, konnte aber keine einzige Zwischensicherung legen – auf die gesamte Seillänge! Das war echt angsteinflößend und stellte mit Abstand den moralisch anspruchsvollsten Abschnitt der ganzen Route dar. Ich war heilfroh, dass ich sie nur hinterhersteigen musste.

Doch nicht immer war das Hinterhersteigen die bequemere Variante. Bei einem gewaltigen Risskamin, einem sogenannten *Offwidth* mit dem Namen *Ear* war es zwar möglich, Zwischensicherungen zu legen, Peter musste dafür aber weit in den Riss hineinkriechen. Irgendwann beobachtete ich, wie er seinen Helm abnahm, und wunderte mich noch darüber. Als ich mit Nachsteigen an der Reihe war, verstand ich wieso: Beim Hantieren im Riss verkeilte sich andauernd der Helm im Felsen, sodass es nicht mehr möglich war, den Kopf zu drehen. Mir blühte also dasselbe Schicksal: Der nächste Stand befand sich direkt über dem *Offwidth*, das Seil hing also in Falllinie des Risses. Außerdem musste ich unser Material wieder einsammeln. So schob auch ich mich immer weiter in den Riss hinein, bis ich ganz drin verschwunden war. Puh, Platzangst durfte man hier keine haben. Wie ein Frosch klemmte ich mich zwischen die Felsen und versuchte, dabei irgendwie die Sicherungen zu lösen, ohne noch weiter in den Riss hineinzugeraten. Das Klettern mit den Steigklemmen machte die Situation nicht gerade einfacher.

Beim *Monster-Offwidth* liefen wir auf die Franzosen vor uns auf, die zwar stark kletterten, aber zu fünft nicht besonders schnell waren. Rechts davon gab es eine Techno-Variante und da meinte Peter zur mir: »So, Laura, das ist jetzt dein Part, jetzt kannst zeigen, was du draufhast!« Okay ... Ich hängte mir alle unsere mobilen Sicherungsgeräte an den Gurt und legte los. Zentimeter für Zentimeter arbeitete ich mich vorwärts. Das klappte ganz gut, aber es zeigte sich auch deutlich, wie aufwendig technisches Klettern ist. Schließlich aber erreichten wir den *El Cap Spire,* eine von zahlreichen Fotos bekannte, nach vorne spitz zulaufende Felsplattform, auf der viele Kletterer biwakieren. Da die Franzosen den Platz schon für sich in Anspruch genommen hatten, richteten wir uns eine Biwakstelle in einer Felsnische eine halbe Seillänge darunter ein. Der erste Tag war geschafft. Wow! Ich schaute nach unten auf die grünen Wipfel am Einstieg und konnte es kaum glauben, dass aus unserem groben Plan vor ein paar Monaten nun Wirklichkeit geworden war! Wir befanden uns mitten in dieser gewaltigen Wand am *El Cap Spire* – **dem** Wahrzeichen der Tour. Und die ersten anspruchsvollen technischen Seillängen hatten auch gut geklappt. Es war wirklich toll!

In den Seillängen am nächsten Tag konnte ich einige Spuren von Freikletterern erkennen und staunte immer wieder von Neuem: Für mich war es unvorstellbar, an dieser glatten, so extrem ausgesetzten Wand, die lediglich von einem einzigen Riss durchzogen war, frei zu klettern. Ich weiß bis heute nicht, wie das möglich ist! Das war unglaublich beeindruckend. Ich hingegen jümarte die meiste Zeit mit zwei Steigklemmen am Seil Peter hinterer. Wir kamen mittelmäßig schnell voran. Wir musste immer wieder warten, da die Franzosen des Öfteren mit ihrem Seil kämpften, das der starke Wind durcheinanderwirbelte. Es wurde teilweise recht unbequem so lange Zeit in unseren Hängeständen: »Ein Bankerl wär' jetzt recht, mir tut langsam das Gestell weh.« – »Nicht, dass du ein Hängetrauma bekommst!« Um uns die Zeit zu vertreiben, blödelten wir herum und zogen schließlich den Haulbag (Materialsack) herauf, um uns zumindest ein bisschen »draufknien« zu können.

Dann ging es auf die *Head Wall* hinaus und es folgte ein sehr technischer Abschnitt. Um ein Felsdach zu überwinden, hangelten wir uns von einem Schlaghaken zum nächsten – mit 800 Metern Luft unterm Hintern. Exponierter geht es nicht. Die anschließenden Seillängen stieg ich mit Trittleitern vor. Jede mobile Sicherung musste hundertprozentig sitzen und es dauerte entsprechend lang. Irgendwann meldete sich Peter von unten: »Wenn du jetzt noch länger brauchst, dann pinkel ich mir in die Hose!« Das Problem war nur, dass es weit und breit kein Band gab, an dem er hätte austreten können. Nur für das große Geschäft hatten wir sogenannte *Shitbags* dabei – wieder so eine spezielle, aber durchaus sinnvolle Regel des Yosemite-Parks. Ob sie von den Kletterern auch brav »befüllt« werden, kontrollieren die Ranger beim Abstieg!

Es wurde Nachmittag. Wir erreichten ein Felsband, die *Long Ledges* und suchten über unseren Köpfen nach dem Weiterweg. Es gab die normale Route und etwas weiter links von uns die *Freerider*-Variante. Unser Plan war, die klassische Route zu begehen, denn damit hätten die Hauptschwierigkeiten nun hinter uns liegen sollen. Leider wurde das Gelände unübersichtlich und schwerer als erwartet. Zudem nahm die Felsqualität ab. Wir eierten ziemlich herum, kamen nicht wirklich vorwärts und beschlossen, uns erst mal auf die *Long Ledges* zurückzuziehen. Zum Weiterklettern war es ohnehin zu spät. Da meinte Peter: »Lass uns lieber morgen früh die *Freerider*-Variante probieren, die ist zwar klettertechnisch schwerer, aber deutlich besser abgesichert!«

Wir richteten uns – so gut das eben auf einem sehr ausgesetzten, nur zirka 70 Zentimeter tiefen Felsband geht – ein Biwak ein. Es war etwas frisch, aber ein sensationelles Erlebnis! Über uns prangte ein gigantischer Sternenhimmel und wenn wir unsere Hälse leicht nach vorne reckten, sahen wir in den tiefen Abgrund hinab, der sich irgendwo weit unten im dunklen Baumwipfelmeer am Einstieg verlor. Wow, das alles waren wir in den letzten beiden Tagen geklettert, knapp 1000 Meter steilster Granit!

Am nächsten Morgen waren es nur noch vier Seillängen, und wir hatten den Gipfel des El Capitan erreicht – und nach drei Tagen in der Wand wieder festen Boden unter den Füßen. Meine erste Big Wall war geschafft – trotz aller Widrigkeiten mit dem Wetter, den Franzosen und den Schwierigkeiten. Was für ein unglaubliches Gefühl!

* * *

In meinem Urlaub Eindrückliches und Abenteuer zu erleben war gerade in den anstrengenden Zeiten des Leistungssports immer mein Anker, auf den ich monatelang hinfieberte. Von den Reisen im Frühjahr konnte ich immer lange zehren und dann mit neuer Energie in die Biathlonsaison starten. Doch dann drängte sich in mir mehr und mehr ein Wunsch in den Vordergrund: Seit ich zum ersten Mal Fotos vom Eispilz des Alpamayo (5947 Meter) gesehen hatte, träumte ich davon, den Berg in Peru zu besteigen. Die beste Zeit für die Besteigung des Alpamayo sind aber die Monate Juni und Juli – damals also mitten in der intensiven Trainingsphase, was es eigentlich unmöglich machte, in dieser Zeit für ein paar Wochen wegzufahren.

Dann kam mit 2017 mein bis dahin erfolgreichstes Biathlonjahr. Ich gewann in Hochfilzen fünf von sechs Rennen und dadurch den Gesamtweltcup. Nach der dritten Medaille brachte ich endlich den Mut auf, einen Versuch zu starten, unseren Bundestrainer von meinem Urlaub außer der Reihe zu überzeugen. Ich überlegte lange hin und her, wie ich das Gespräch angehen sollte, und setzte dann vor allem auf die Karte, dass ich doch gerade so erfolgreich sei und es sich um keine klassische Expedition handelte, sondern durch die Höhe und Länge um ein super Ausdauertraining … Es sprudelte nur so aus mir heraus und Gerald Hönig – scheinbar völlig überrumpelt – meinte nur: »Passt, Laura, du darfst fahren.« Zurück auf meinem Zimmer brach ich in Jubelgeschrei aus und hüpfte vor Freude auf und ab. Meine

Zimmerkollegin Maren schaute mich ganz irritiert an: »Was ist denn jetzt passiert?« – »Ich freu mich so!!« – »Hä, wieso?« – »Ich darf nach Peru!« – »Aha, okay ...« Ob es da nicht kalt sei? Wieso das jetzt so toll sei? Sie konnte nur schwer nachvollziehen, warum ich mich inmitten meiner erfolgreichen Medaillenserie nun so dermaßen über eine Reise nach Südamerika freute.

Im Juni ging es dann endlich los! Ich flog mit meiner Freundin Kathi nach Lima, von wo aus wir mit einem sehr komfortablen VIP-Bus mit gemütlichen Sesseln und Fußstützen in sieben Stunden nordwärts weiter nach Huaraz fuhren. Ich war sehr fasziniert von dem öffentlichen Verkehr in Peru. Natürlich waren nicht alle Busse und Taxis so komfortabel wie der Überlandbus. Aber in Huaraz war es so unkompliziert, sich in der Stadt zu bewegen – obwohl es keine festen Fahrpläne gab: Wir stellten uns einfach an den Straßenrand und winkten. Daraufhin hielten die Kleinbusse an und wir hüpften hinein. Das laute »Huaraz, Huaraz, Huaraz«-Geschrei der Ticketverkäufer im Bus habe ich bis heute in den Ohren.

Huaraz liegt bereits auf 3100 Metern und ist **der** Ort für alle Erledigungen und Anschaffungen für Bergtouren in der Cordillera Blanca. Kathi und ich trafen dort meine Eltern und unsere Freunde Peter und Andrea Schlickenrieder, die schon einige Tage vor uns nach Peru gereist waren. Gemeinsam erkundeten wir die Kleinstadt. Wir nahmen Kontakt zum ansässigen Bergführerbüro auf, um uns nach den Verhältnissen an den hohen Gipfeln zu erkundigen. Wir latschten von einem Geschäft zum nächsten, bis wir endlich Firnanker erstehen konnten, die wir für die Besteigung des Alpamayo brauchten und die es in Deutschland nicht gibt. Wir organisierten uns einen Fahrer, und »Mama Andrea« - wie wir sie gerne nennen, weil sie sich immer um alles kümmert - lotste uns in die kommunale Markthalle mit unzähligen Marktständen für allerlei Lebensmittel. Auf dem Boden sitzende Frauen in bunten Gewändern boten lauthals ihr Obst und Gemüse an. Dazwischen befanden sich dampfende Garküchen. Ich wusste gar nicht, wo ich als Erstes hinschauen sollte. Alle paar Meter stieg mir ein anderer Geruch in die Nase. Es war laut und es herrschte ein reges Treiben, in das wir fasziniert eintauchten.

Zwei Tage später spuckte uns das Taxi in Cashapampa auf einer Art Hochebene am Eingang zum Santa-Cruz-Tal aus. Von dem Dorf mit seinen kleinen braunen Häuschen, umgegeben von Feldern und grünen Berghängen, würden wir zum Basislager des Alpamayo laufen. Vorher mussten wir uns aber noch einen Mulitäger organisieren, was sich als große Geduldsprobe herausstellte. Um mich zu beschäftigen, setzte ich mich an eine niedrige Steinmauer in den Schatten und nahm meine Eispickel vom Rucksack. Mit einer Feile begann ich die Haue zu bearbeiten. Auf einmal stand Peter neben mir und fragte: »Was machst jetzt du da? Was wird jetzt das?« - »Ja mei, ich bereit mich halt vor.« - »Ist das wichtig?« - »Nein, nicht unbedingt.« - »Muss ich das auch machen?« - »Nein ...« Dann wandte er sich augenzwinkernd zu meinem Papa: »Ja Andi, wieso haben wir das nicht gemacht? Schau, jetzt kommen die Jungen und zeigen uns, wie das geht.«

Dann war endlich alles organisiert und wir begannen unseren langen Marsch zum Basislager. Zwei komplette Tage wanderten wir durch niedrige Büsche in das breite Tal hinein. Überall blühte es in den verschiedensten Farben. Links und rechts von uns ragten leuchtend grüne, felsdurchsetzte Hänge empor. Das Tal wirkte endlos. Am tiefblauen Jatuncocha-See angekommen, sahen wir zum ersten Mal so richtig die schneebedeckten Gipfel. Am zweiten Tag bogen wir dann westwärts ein und stiegen zum Basislager auf 4300 Meter Höhe knapp unterhalb des Arhueycocha-Sees auf. Hier mussten wir uns von den Mulis verabschieden.

Der Zustieg zum Hochlager war steil, technisch herausfordernd und mit unserer ganzen Ausrüstung und Essen für zwei Tage sehr anstrengend. Aber oben am Hochlager – ein Schneeplateau auf 5300 Metern Höhe – wurden wir mit einem idealen Blick auf den Alpamayo in seiner ganzen Pracht belohnt: ein Koloss aus Eis und Schnee, der sich scharf vom blauen Himmel abhob. »Wow«, dachte ich mir, »was für ein Berg!« Es war wirklich überwältigend und kaum zu glauben, dass es möglich ist, durch diese steilen Eismassen hindurchzusteigen.

Gegen zwei Uhr morgens am Folgetag stapften Kathi und ich los. Die anderen hatten beschlossen, erst zwei Stunden später zu starten. Es ging erst leicht bergab und dann über einen flachen Gletscher Richtung Einstieg der *French Direct*, unserer ausgewählten Route auf den höchsten Punkt des Alpamayo. Langsam steilte das Gelände auf und wir erreichten einen Bergschrund. Wir seilten uns an. Es wurde zunehmend steiler und die breite Schneeflanke immer schmaler. Schließlich formte sie sich zu einer markanten Eisrinne aus und wir begannen, mit unseren Eisschrauben Zwischensicherungen und Stände zu bauen.

Als wir zwischendurch beide an einem Stand zusammenkamen, sah ich nach unten: »Schau mal, die kehren anscheinend um!« Während des ganzen Aufstiegs hatten wir immer mal wieder einen Blick zu meinen Eltern und den Schlickenrieders im Aufstieg geworfen. Doch nun waren sie offensichtlich am Abseilen. »Was da wohl los ist?« Wir rätselten noch kurz, nachdem aber niemand verletzt schien, stiegen wir weiter.

Es war sehr kalt. Zum Glück war es an keiner Stelle besonders schwer – die Rinne wurde zwar ziemlich steil, erreichte aber nie 90 Grad. Wir waren dennoch gut gefordert, vor allem wegen der Höhe. Gleichmäßig kletterten wir dahin und bestaunten bei jeder Gelegenheit das bizarre Eis um uns herum. Wie eine Pilzkultur bildete es in alle Richtungen seine Geschwülste aus. Dahinter wölbte sich der stahlblaue Himmel, unten leuchteten in weiter Ferne die saftig grünen Täler.

Als wir den Gipfelgrat erreichten, steckten wir plötzlich inmitten von Wolken. Wir sahen keine fünf Meter mehr weit. Konzentriert tasteten wir uns voran. Noch einmal steilte das Gelände auf, dann ging es nicht mehr weiter aufwärts. Wir suchten ein wenig tapsend im

Nebel herum, sahen aber nichts als Schnee und Eis. »Da ist nichts, aber es geht zu allen Seiten nur runter«, rief Kathi. »Dann sind wir wohl oben! Vom Höhenmesser her passt es auch!« Da standen wir nun in den Wolken, fielen uns in die Arme und freuten uns trotz der fehlenden Aussicht riesig, dass unser Traum in Erfüllung gegangen war: In kürzester Zeit nach Ankunft in Peru hatten wir den berühmten Alpamayo bestiegen und alles war perfekt gelaufen.

Beim Hochlager trafen wir dann auch wieder auf die anderen. Nach der erfolgreichen Besteigung mehrerer 5000er und 6000er im Vorfeld waren sie nicht mehr im Vollbesitz ihrer Kräfte, um die technischen Anforderungen des Alpamayo zu meistern. Deshalb hatten sie beschlossen, an diesem Tag umzukehren.

* * *

Während in Peru die namhaften Gipfel für mich im Mittelpunkt gestanden hatten, planten wir bei meiner darauffolgenden Reise nach Georgien – wieder traditionell im Frühjahr – im Vorfeld sehr wenige konkrete Details. Hier bestimmte das spontane Agieren unsere Ziele: Wir schauten uns vor Ort die Berge live und auf der Karte an und entschieden dann, wo wir hochgehen wollten. Unsere Vorgehensweise war experimenteller und das Abenteuer dadurch genauso, wenn nicht sogar ein bisschen größer – auch wenn wir hauptsächlich völlig unbekannte Gipfel des Kaukasus bestiegen.

Das Reizvolle an Georgien war, dass es verglichen mit Südamerika oder Nepal schnell erreichbar ist, wir aber trotzdem in einer völlig anderen Kultur landeten. Besonders faszinierend fand ich die Gegensätze: Das Land war sichtlich bemüht, gegenwärtigen europäischen Standards nachzukommen. Gleichzeitig hatte ich aber das Gefühl, dass es davon eigentlich noch ganz weit entfernt war. Der Flughafen und die Unterkünfte wie das »Grand Hotel Ushba« waren innen verhältnismäßig modern. In den Dörfern hatten wir dagegen teilweise das Gefühl, im Mittelalter gelandet zu sein, und die Übergänge waren fließend und kurz.

Am eindrücklichsten war unsere Fahrt nach Ushguli, einem Bergdorf in Oberswanetien. Wir hatten einen Fahrer organisiert, Alex, um den wir dann auch sehr froh waren. Wir waren zwar vorgewarnt worden, aber dass die Straße so heftig sein würde, hätten wir nie gedacht. Der Asphaltbelag endete ziemlich bald. Wir rumpelten über tiefe Schlaglöcher und das Auto wackelte besorgniserregend hin und her, während es rechts von uns weit in die Tiefe hinabging. Immer wieder fuhren wir unter Wasserfällen hindurch oder über wilde Bäche hinweg. Ich hatte mehrmals das Gefühl, jeden Moment mit dem Auto von der Straße zu kippen. Dann hatten wir auch noch einen Platten ... Erst nach langen Stunden kamen wir in strömendem Regen im Dorf an – und die Straße hörte komplett auf. Es gibt hier auch keine wirklichen Wege mehr. Die Steinhäuser mit ihren schiefen Dächern stehen so eng beieinander, dass man nur zu Fuß durchgehen kann. Viereckige Steintürme ragen in die Höhe. Mittendrin laufen Kühe frei herum. Alles ist matschig und dreckig – so stelle ich es mir im Mittelalter vor. Wie von einer Zeitmaschine ausgespuckt standen wir mit unserer hochmodernen Skiausrüstung mittendrin.

Wir waren im Wohnhaus von Einheimischen untergebracht. Wie alle anderen Häuser in Ushguli auch betritt man es über das Dach und steigt dann im Haus nach unten – so etwas hatte ich noch nie gesehen. Zum Abendessen saßen wir mit unserem gut beleibten georgischen Gastgeber am Küchentisch. Er stellte uns einen großen gefüllten Krug hin und forderte uns mit einem »Uhgh« auf einzuschenken. Er konnte nur Georgisch. Durstig, wie wir waren, kamen wir seiner Aufforderung sofort nach. Ich wollte gerade einen Schluck nehmen, als wir bemerkten, dass es reiner Schnaps war! Zum Glück war mein Reisebegleiter Stephan sehr trinkfest und so stieg mit jedem Schluck nicht nur die Laune unseres Gastgebers, sondern auch unser Ansehen bei ihm. Am Ende eines lustigen Abends war der Georgier betrunkener als Stephan, was Ersteren sehr beeindruckte.

Ushguli liegt in einem Hochtal. Auf beiden Seiten des Dorfes ziehen sich schneebedeckte Hänge zu breiten Gipfeln empor. Wie schon erwähnt, hatten wir keine fixen Gipfelziele. Morgens setzten wir uns mit unserer Karte vors Fenster, suchten das Gelände ab und überlegten, wo ein Aufstieg möglich wäre. Dann marschierten wir los und versuchten unser Glück. Nachmittags lagen wir zum Sonnen auf dem Hausdach. Nur ein einziges Mal sahen wir andere Skitourengeher.

Schließlich verließen wir das Dorf wieder, denn Wascht und Michi mussten nach Hause fliegen. Zu viert reisten wir weiter nach Mestia, einer Kleinstadt im nordwestlichen Georgien und Stützpunkt für das Highlight unserer Reise: den Tetnuldi mit seiner markanten pyramidenförmigen Spitze, die auch im Sommer immer weiß bleibt. Er ist lange nicht so bekannt wie der Kasbek und auch nicht so hoch, aber technisch schwieriger.

Unterhalb des Tetnuldi befindet sich ein Skigebiet, das bei unserer Ankunft aber bereits geschlossen hatte. Wir wollten den 4858 Meter hohen Berg in zwei Tagen angehen: Am ersten Tag stiegen wir über das Skigebiet auf. Wir plagten uns etwas, da das Gepäck sehr schwer war und wir in der heißen Mittagssonne mehrmals an- und abfellen mussten. Am Adlerhorst, einem Hochlager auf 3715 Metern, mussten wir dann erst mal eine Fläche für unsere Zelte freischaufeln. Am nächsten Morgen stiegen wir früh zum Gletscher auf. Anja fiel etwas zurück. Als sie zu uns aufschloss, gab sie bedrückt zu: »Mir geht's heute nicht so gut. Ich habe heute Nacht schon gemerkt, dass ich angeschlagen bin. So hat das keinen Sinn. Ich muss wieder runter.« Es war klar, dass einer von uns mit ihr zurückgeht, und ich bot mich an: »Passt, ich begleite sie.« Stephan und Matti stiegen weiter Richtung Gipfel und Anja und ich kehrten in der Zwischenzeit erst zum Hochlager zurück, um die Zelte abzubauen, und schließlich zur Talstation des Skigebiets, wo wir auf die anderen warten wollten. Während wir dort saßen und von einheimischen Militärs erst beäugt und dann zum Schnapstrinken aufgefordert wurden, schaute ich immer wieder zum Tetnuldi hinauf. Uns fiel es nicht leicht, bei besten Bedingungen und schönstem Wetter dort unten herumzusitzen. Es wurmte uns, wir wären gerne auf den Gipfel gestiegen.

Am Nachmittag kamen die Jungs erfolgreich zurück. Während der Fahrt in die Unterkunft in Mestia fragte ich sie Löcher in den Bauch: »Wie war es? Wie sind die Verhältnisse? Hat es große Spalten?« Sie meinten, es hätte schon ein paar Spalten, aber es wäre okay gewesen, sie hätten eine gute Spur gelegt und der Firngrat sei nicht zu eisig gewesen. Ihr Resümee: »Es zieht sich, aber es haut gut hin.«

Da wir am nächsten Tag abreisen wollten, begannen die anderen ihre Sachen ordentlich in ihre Skisäcke und Taschen zu verstauen. Ich hingegen fing an, wieder meinen Skitourenrucksack zu packen. Ich spürte ihre irritierten Blicke, niemand sagte aber etwas. Dann kochte ich einen Tee und füllte meine Thermoskanne auf. Dann fragte Anja aber doch: »Was machst du denn da?« Ich murmelte daraufhin möglichst belanglos dahin: »Ein bisserl Tee kochen halt.« Während des Abendessens erkundigte ich mich noch dreimal, wie es um die Verhältnisse am Tetnuldi stand. Irgendwann schauten die anderen mich an: »Laura, was hast du vor?« Da gab ich endlich zu: »Jaaa, bisserl jucken würd's mich schon.« – »Aber wir haben doch nur noch einen Tag Zeit!?« – »Ja, ich weiß. Dann muss ich halt von unten durchgehen.« Das wären knapp 3000 Höhenmeter im Aufstieg gewesen. Als wir später noch in einer Bar waren, quatschte ich deshalb einen Georgier an und fragte ihn, was es kosten würde, wenn er mich jetzt noch ins Skigebiet hochfahren würde. Er schaute mich völlig entgeistert an: Ob ich bescheuert sei? Aber mein Wille war groß und er konnte das Geld wohl gebrauchen. Auch den anderen war die Situation nicht ganz geheuer. Sie waren darüber besorgt, dass ich allein aufbrechen wollte. Sie wussten aber genau, dass Widerspruch sinnlos ist, sobald ich mir etwas in den Kopf gesetzt habe. Schließlich versprach ich, dass ich mich unterwegs mehrmals per SMS bei ihnen melden würde.

Als die anderen ins Bett gingen, brachen wir gegen Mitternacht auf. Während der Fahrt fragte mich der Georgier: »Hast du eigentlich keine Angst?« – »Nein, wovor denn?« Er zählte ein paar Gefahren am Berg auf. »Nein, nein, ich war ja heute erst da oben.« – »Und vor den Wölfen hast du auch keine Angst?« Ich tat ganz selbstbewusst: »Unsinn, da gibt es doch keine Wölfe!« Aber innerlich wurde mir doch etwas mulmig zumute. Gab es hier wirklich Wölfe? Ich versuchte, den Gedanken zu verdrängen, stopfte mir Ohrstöpsel in die Ohren und hörte beim Aufstieg durchs Skigebiet Musik. Plötzlich bewegte sich etwas schemenhaft neben mir. Ich erschrak fürchterlich: »Jetzt ist der Wolf da!!!« Mein Herz raste wie verrückt. Ich fuhr herum – und schaute in die Augen eines normalen Hundes. Er bellte mich an und ich glotze ihn an. Erst da bemerkte ich, dass es von überallher bellte. Ich zog meine Ohrstöpsel heraus und stieg so schnell wie selten zuvor aufwärts: »Bloß weg von diesem Skigebiet mit seinen komischen Hunden! Weiter oben wird schon nichts mehr sein.«

Es war noch ziemlich anstrengend und wurde irgendwann zäh. Am Firngrat fragte ich mich zwischendurch auch mal, was ich hier eigentlich allein tat. Aber technisch war es nicht besonders schwierig und letztendlich lief alles einwandfrei. Als ich mittags oben am Gipfel ankam, fühlte ich mich als glücklichster Mensch! Mein Plan war aufgegangen – der Höhepunkt der Reise dufte auch für mich der Tetnuldi sein.

* * *

Seit Beendigung meiner Biathlonkarriere verbringe ich deutlich mehr Zeit beim Klettern und Bergsteigen und genieße meine Freiheit, meine Ziele zu allen Jahreszeiten wählen zu können. Aber wenn dann im Herbst im Hochgebirge die Saison langsam zu Ende geht, merke sogar ich, dass mir nach der vielen Zeit am Berg – in der ich von morgens bis abends wegen der Schwierigkeiten sehr konzentriert sein muss – nach einer Aktivität ist, die ein bisschen einfacher und monotoner abläuft. Es tut mir dann gut, auch mal etwas zu machen, was nicht ganz so risikobehaftet ist. Und ich brauche wieder etwas Zeit für mich allein. Am Berg bin ich meistens im Team unterwegs, was auch sehr viel Spaß macht. Aber ich muss mich ständig auf andere einstellen und Kompromisse eingehen. Ich genieße es zwischendurch daher sehr, frei von allem und nur mit mir, sozusagen kompromisslos unterwegs zu sein. Oft erkenne ich dabei, dass Dinge, die mich vermeintlich an den anderen genervt haben, eher an mir selbst lagen.

Ich setze mich dann gerne aufs Fahrrad. Treten ist simpel und das Radfahren hat für mich die perfekte Reisegeschwindigkeit: Ich sehe viel mehr, als wenn ich zu Fuß unterwegs bin, es geht aber auch nicht so schnell dahin wie mit dem Auto oder dem Bus. Was mich besonders reizt: Ich habe jeden Tag die Freiheit, dorthin zu fahren, wohin ich möchte. Mich umgibt keine geschützte Hülle, sondern ich bin direkt an der frischen Luft und draußen in der Natur. Und es ist wirklich beeindruckend, wie ich mich über 200 Kilometer am Tag weiterbewege und wie massiv sich auf so einer Strecke die Landschaft verändern kann!

Im September 2022 hatte ich drei Wochen zur Verfügung. Ich wollte ans Meer und wie immer gerne ein bisschen Abenteuer erleben. Ich entschied mich deshalb für eine Tour nach Istanbul und erarbeitete mir dafür ein paar wenige Fixpunkte: Ich wollte auf alle Fälle in Kroatien an der Küste entlang, an den Ohridsee und möglichst lang durch Griechenland fahren – wegen der besonders schönen Strände, aber auch, damit ich nur eine möglichst kurze Strecke in der Türkei fahren musste, wo aufgrund der Straßensituation das Radfahren nicht besonders angenehm ist. Und am Anfang wollte ich durchs Pustertal, damit ich bei Erna reinschauen konnte.

Ich hatte im Vorfeld nichts gebucht, das Einzige, worum ich mich jeden Tag kümmern musste, war die jeweilige Tagesetappe und wo ich abends schlafen würde – das fühlte sich unglaublich befreiend an! So verliefen meine Tagesabläufe in etwa so: Am Vorabend schaute ich, welchen nächstgrößeren Ort mit entsprechenden Unterkünften oder Stränden ich am nächsten Tag erreichen könnte, und überlegte mir eine möglichst ansprechende Route, die ich als GPX-Daten auf meinen Radcomputer lud. Ich genoss es sehr, keinen Zeit- und Termindruck zu haben. Ich hörte viele Hörbücher und Podcasts und streifte dabei mit den Augen durch die Natur. So fuhr ich bis zum frühen Nachmittag dahin. Dann begann ich, mich um einen Schlafplatz für die Nacht zu kümmern. Wenn ich früh genug dran war, ging ich in ein Café und fragte die Menschen dort, ob sie eine nette Unterkunft kennen würden, sonst buchte ich etwas übers Internet oder schlief einfach draußen am Strand.

Der erste Morgen unterwegs startete glorreich mit einem Sektfrühstück bei Erna in Toblach. Ich hatte mich dort mit Denise Herrmann-Wick und ihrem Mann verabredet, die in Südtirol ihre Flitterwochen verbrachten. Erna stürmte gleich auf mich zu: »Ja mei, du bist da! Ich glaub es ja nicht. Da müssen wir fei schon ein Sekterle trinken, eins geht schon!« Auch Denise wollte anschließend noch trainieren, aber zu einem Gläschen ließen wir uns überreden. Wir lachten viel und ich erzählte von meinen Plänen. Nach einer Stunde meinte ich dann: »Jetzt muss ich aber los, ich will heute noch 200 Kilometer bis nach Udine schaffen!«

Die nächsten Tage radelte ich quer durch Slowenien und an der kroatischen Küste entlang bis nach Split – ich suchte mir öfter die größeren Städte heraus, um einen Anreiz zu haben und mich auf der Fahrt zu motivieren, außerdem gab es dort mehr Übernachtungsmöglichkeiten. Eine schöne Passstraße führte mich mit Blick auf das tiefblaue Meer hinunter in die Stadt. Am Hotel angekommen, passierte das, wovor ich immer die größte Sorge hatte: Die Rezeptionistin erlaubte mir nicht, mein Rad mit aufs Zimmer zu nehmen. »Alles, was ich habe, ist dieses Rad«, sagte ich beschwörend zu ihr, »ich bin auf dieses Rad angewiesen. Ich muss dir hundertprozentig vertrauen können, dass es nicht wegkommt!« – »Ja, du kannst mir ganz sicher vertrauen.« Ich betonte noch ein paarmal mit Nachdruck, wie wichtig das Rad für mich sei. Daraufhin zeigte sie mir eine Kammer, wo sie das Rad über Nacht einsperren wollte, und wir machten eine Uhrzeit für den nächsten Tag aus, wann sie mir den Raum wieder aufsperren würde. Am nächsten Morgen tauchte sie zur verabredeten Zeit nicht auf. Ich wurde nervös. Es war noch früh am Morgen, komplett ruhig im Hotel und ich konnte auch keine anderen Angestellten finden. Ich wartete und wartete. Langsam wurde ich ärgerlich. Dann endlich tauchte sie auf und entschuldigte sich vielmals, sie sei im Verkehr hängen geblieben. Sie hatte sichtlich ein schlechtes Gewissen und extra noch Süßgebäck für mich besorgt. Dann fragte sie mich, ob sie für ihren Sohn ein Foto von mir machen dürfe. Ich wunderte mich etwas und überlegte, ob sie mich wohl erkannt hatte. Aber sie meinte nur: »Mein Sohn, der ist so gar nicht sportlich, der soll sich mal ein Beispiel an dir nehmen und auch mal Rad fahren!« Ich lachte und ließ sie ein paar Fotos knipsen.

Weiter ging's auf kleinen Straßen ins Hinterland. An einem sandigen Parkplatz hielt ich kurz an. Als ich wieder losfahren wollte, fühlte sich das Fahren etwas komisch an. Es ging so zäh voran. Dann registrierte ich, was los war: Mein Vorderrad hatte einen Platten! »Okay, kein Problem«, dachte ich mir, »ich habe ja Ersatzmaterial dabei«, und machte mich ans Werk. Doch dann bemerkte ich, dass ich gar nicht mit einem schlauchlosen Rad unterwegs war – wie ich unter anderem aufgrund der Info meines Fahrradhändlers dachte! Und auch mein Werkzeug war nicht im optimalen Zustand. Gefrustet begann ich meine Optionen durchzugehen. Schon vor der Abreise war meine größte Angst ein schwerwiegender Materialdefekt und jetzt stellte sich ein vermeintlich einfacher Platten als Problem dar! Ich setzte mich erst mal in die Wiese und aß meine Brotzeit, dann machte ich mich mit neuer Energie an die Arbeit.

Ein defekter Mantelheber, ein kaputter und ein unpassender Schlauch, eine leere Kartusche und eine undichte Pumpe sowie ein mit Dichtmilch gefüllter Schlauch im Vorderrad waren das Resultat … Letztendlich bekam ich zwar das Rad wieder fahrtüchtig, aber es war klar, dass jetzt nichts mehr schiefgehen durfte. Ich musste so schnell wie möglich eine Werkstatt aufsuchen. Wie auf rohen Eiern radelte ich die 60 Kilometer nach Bosnien und Herzegowina, wo laut Internet das nächste Fahrradgeschäft sein sollte. Nach längerem Herumirren in einem Wohnviertel fand ich dann auch den sogenannten Omega-Bikeshop – im Keller eines Wohnhaues. Leider war er für die Carbonfelgen meines Rennrads nicht besonders gut ausgestattet, aber der Besitzer – ein passionierter Mountainbiker – war sehr nett, konnte mir zumindest meinen Schlauch solide reparieren und lud mich anschließend auf eine Tasse Tee ein.

Nach einem Ruhetag in Dubrovnik – an dem sich mein Hinterteil erholen und ich neues Ersatzmaterial kaufen konnte – radelte ich eine meiner längsten Etappen (ca. 230 Kilometer) durch Montenegro über die Grenze nach Albanien. Schlagartig war alles anders. Es waren fast nur Männer auf der Straße, alle dunkel gekleidet. Nur ab und zu sah ich Frauen beim Arbeiten oder wenn sie ihre Kinder irgendwohin brachten. In Cafés saßen ausschließlich Männer und bedachten mich mit skeptischen und fragenden Blicken im Sinne von: »Was tust du hier? Hast du keine Familie?« Zumindest kam mir das so vor – im direkten Kontakt mit mir zeigten sie sich jedoch, wenn auch zurückhaltend, sehr freundlich.

Die kleineren Straßen waren stellenweise extrem schlecht. Es lag viel Müll herum. Teilweise verfolgten mich Straßenhunde und ich fuhr an vielen alten und verlassenen Fabrikgebäuden und improvisierten Schießständen am Straßenrand vorbei. Zum Schlafen hatte ich mir einen Strand in der Nähe bei Lezha herausgesucht, den ich bei letztem Tageslicht erreichte. Als ich gerade ein Foto schießen wollte, kamen drei Frauen um die 50 auf mich zu. »Woher kommst du? Wo schläfst du heute Nacht?« Eine von ihnen sprach sehr gutes Englisch und meinte, ich könne gerne bei ihr übernachten. Sie würde sich sehr freuen. Ich war etwas überrumpelt und stotterte: »Mhm, ja, ich weiß nicht.« Sie wiederholte ihr Angebot mehrfach, blieb dabei sehr freundlich, aber drängte fast darauf. Irgendwann fragte ich sie: »Wo wohnst du denn eigentlich?« – »Im Zentrum von Lezha.« Wir könnten uns um neun Uhr abends am dortigen Dorfplatz treffen. Als sie weg war, hatte ich zum ersten und einzigen Mal auf der ganzen Reise bei einer Begegnung mit Einheimischen das Gefühl, dass jetzt irgendwas seltsam war. Aber ich konnte nicht zuordnen, was mich so verunsicherte. Ich ging erst mal etwas essen. Danach entschied ich mich dagegen. Ich hatte keine Lust, noch einmal 24 Kilometer im Dunkeln allein in diese Ortschaft zu radeln. Und auch wenn ich bis heute nicht sagen kann, was es genau war, was mich störte, und die Albanerin es vielleicht nur nett gemeint hatte: Es fühlte sich einfach falsch an, ihr Angebot anzunehmen, und für mich ist es essenziell, sich auf solche Bauchgefühle zu verlassen.

Nach einer anstrengenden Tagesfahrt vorbei am wunderschönen Ohridsee und durch das erstaunlich gepflegte Nordmazedonien erreichte ich endlich Griechenland und damit wieder die EU. Ich radelte nach Florina und grob weiter Richtung Thessaloniki. Beim Blick auf die Karte wunderte ich mich, warum westlich von meiner Strecke keine Straßen verliefen. Ich zoomte weiter hinein und kapierte: Ach, da ist **der** Olymp! Ich rief meine Freundin Andrea an und fragte sie: »Du, wart ihr schon auf dem Olymp?« – »Ja! Mit den Skiern noch nicht, aber im Sommer schon.« – »Und wie ist das so? Machbar?« – »Der ist überhaupt kein Problem für dich! Total easy. Freilich nimmst den mit!« Daraufhin entschied ich: Als Olympiasiegerin sollte ich mir den Olymp wohl nicht entgehen lassen. Ich besorgte mir noch schnell den günstigsten Rucksack, den ich finden konnte, und radelte so weit wie möglich hoch, versteckte mein Rad hinter einem alten Unimog und lief los. Oben war es sehr stürmisch und der Wind pfiff mir ordentlich um die Ohren. Aber es war ein sehr schöner Aufstieg, oben ein bisschen ausgesetzt mit leichter Kraxelei – genau mein Fall! Die Besteigung war wirklich nicht geplant gewesen. Ich hatte mir über mögliche Gipfelziele auf dieser Reise keinerlei Gedanken gemacht. Aber umso schöner war es! Es zeigte mir wieder, wie wichtig es ist, immer die Spontaneität zu bewahren, solche Gelegenheiten wahrnehmen zu können.

Die letzten zwei Tage durch die Türkei waren die Hölle. Nach dem prunkvollen Grenzübergang gab es nur eine einzige Querverbindung: eine vielbefahrene, zweispurige Schnellstraße mit breitem Standstreifen und vielen Höhenmetern. Ich fühlte mich wie auf der Garmischer Autobahn – nur dass ich nicht im geschützten Auto dahinflitzte, sondern ausgesetzt auf meinem Rennrad mühevoll in die Pedale trat. Es war verrückt und gefährlich, niemand bremste, von Rücksicht war keine Spur. Seitenabstände schienen sie grundsätzlich nicht zu kümmern. Vermutlich waren die Auto- und Lastwagenfahrer auf dieser Strecke zuvor aber auch selten Radfahrern begegnet.

Dann kam noch starker Gegenwind dazu. Ich kam kaum vorwärts. Der 50-Kilometer-Speckgürtel um Istanbul zog sich gefühlt eine Ewigkeit. Aus der zweispurigen wurde eine siebenspurige Straße. Nur knapp entkam ich einem Kleinbus, der mich beim Rechtsabbiegen übersehen hatte ... Umso größer war aber meine Freude, als ich endlich im Zentrum von Istanbul auf dem Platz vor der *Hagia Sophia* ankam. Ich hatte es tatsächlich geschafft: von Garmisch bis zur Grenze nach Asien! 2600 Kilometer und 28160 Höhenmeter in zweieinhalb Wochen – und das mit eigener Muskelkraft!

Ich verbrachte noch zwei intensive Tage in der Stadt, traf sehr nette und offene Menschen, dir mir viel zeigten, besuchte Basare, Moscheen und ein Hamam für Einheimische. An einem der beiden Tage kaufte ich mir in einem Dönerladen einen Dürüm. Ich fragte den Verkäufer, ob ich mich auf den einzigen Stuhl vor seinem Laden setzen dürfe. Er lachte. Daraufhin ging ich nach draußen und setzte mich hin. Er kam ebenfalls raus und sagte: »Jetzt hast du dich ja doch hingesetzt!« – »Ich habe doch gefragt!« – »Aber ich habe doch gar nicht geantwortet!« Er lachte wieder: »Du isst doch hier was, natürlich darfst du dich da hinsetzen. Den ganzen Tag setzen sich hier Leute hin und niemand fragt. Sie behaupten, nur kurz bleiben zu wollen, und hocken dann über eine Stunde da.« Ich aß schnell meinen Dürüm und stand wieder auf. Was denn jetzt los sei, fragte er mich daraufhin. Ich würde jetzt wieder gehen, antwortete ich. »Was hast du denn für einen Stress?« – »Ich wollte deinen Platz nicht länger blockieren.« – »Nein, so ein Unsinn, was hast du nur für einen Stress. Jetzt trink doch erst mal einen Tee!« Und ich blieb sitzen.

Kapitel 8
Ich möchte die Natur bewahren, die mir so viel schenkt

Hinter unserem Haus gibt es einen kleinen Fichtenwald, der sich steil den Hang hinaufzieht. Der Wald ist nichts Besonderes, keine Augenweide. Aber wenn ich unter den hochgewachsenen Bäumen in die Dunkelheit des Waldes eintauche, fühle ich mich schlagartig mit ihm verbunden. Ich spüre die tiefe Verwurzelung der Bäume und eine besondere Energie. Ich nenne sie die Kraft der echten Natur. Es ist ein Gefühl, das ganz von selbst kommt und durch meinen ganzen Körper strömt und mich erdet. Erst aufgeweckt durch dieses Gefühl beginne ich, bewusster zu schauen, zu hören und zu schmecken. Die kleinen eingetretenen Pfade auf dem weichen, mit Tannennadeln übersäten Boden führen mich dabei schnell bergauf und ganz weit weg vom Alltag …

Die Natur und die Berge sind für mich weit mehr als nur eine Sportarena. Sie sind für mich ein Ruhe- und Kraftort. Ich kann dort am besten ich selbst sein. Ich fühle mich verbunden und getragen mit und von der Natur. Ich bin in ihr ganz bei mir und kann mich von der

Welt drumherum abgrenzen. Es gibt Orte, wo dieses Gefühl besonders stark ist. Der Fichtenwald hinterm Haus ist so ein Ort. Aber auch das Oberreintal. Sobald ich durch das Zaun-Gatterl trete, öffnet sich mir eine andere Welt: die echte Natur. Nach dem Aufstieg durch Wald und Latschen weitet sich mein Blick, gleichzeitig bilden die mächtigen Felswände rundum eine Art Schutzwall. Die alten Ahornbäume bei der Hütte signalisieren Beständigkeit und Geborgenheit. Ich komme bei mir an, Handy und Uhr sind auf einmal gleichgültig geworden.

Zu Hause kann ich zwar in einen ähnlichen Zustand gelangen, aber nur durch aktives In-mich-Gehen, und auch dann stelle ich mir Natur und Berge vor. Draußen, in direktem Kontakt mit der Landschaft, erreiche ich diesen fast meditativen, für mich perfekten Zustand automatisch. Ich muss nichts Spezielles dafür tun. Die einzige Voraussetzung ist, dass ich nicht an meinem körperlichen Limit bin und die Landschaft nicht zu extrem ist. Auf zerklüfteten Gletschern ist es mir zu hart und zu kalt. Was ich brauche, ist der Kontrast von Farben und Formen. Es muss nicht zwingend ein Wald sein. Almwiesen symbolisieren für mich das blühende Leben und vermitteln mir gleichzeitig eine Sanftheit, die mich entspannt und Kraft schöpfen lässt. Mit Felsen verspüre ich auch eine Verbundenheit, aber das Gefühl ist anders: härter und antreibender. Das gilt auch für Felsgipfel. Mich fasziniert ihre Rauheit und ich fühle eine geistige Kraft des Vorankommens, körperlich aber fordern sie mich viel stärker.

Insbesondere wenn ich mal gestresst und leicht angeschlagen bin oder länger krank war, gehe ich ganz bewusst raus in die Natur und lasse ablenkende Faktoren wie Handy und Uhr zu Hause. Ich gehe dann spazieren, hinters Haus in den Wald oder wo es mich spontan hintreibt. Ich höre einfach auf meinen Körper, um herauszufinden, was gerade gut für mich ist. In Innenräumen kann ich meinen Körper ausruhen, aber für die Erholung von Geist und Seele muss ich hinaus. Die Natur gibt mir so viel zurück! Die Energie, die sie mir schenkt, ist etwas ganz Echtes. Ich kann sie nicht auf einem Foto festhalten. Aber wenn ich später, zurück zu Hause, meine Augen schließe und in mich hineinspüre, kann ich die Kraft wieder hervorrufen.

Ob mit meiner Familie, meinen Freunden und Tourenpartnern oder allein – die schönsten Augenblicke erlebte ich schon immer draußen in den Bergen, alles hat dort eine ganz andere Intensität. Mein Alltagsleben könnte mich niemals so begeistern. Am Berg fällt es mir viel leichter, mich auf das Wesentliche zu konzentrieren. Am Stand einer Kletterroute zum Beispiel tauche ich maximal in die Situation ein: Ich bin durch nichts abgelenkt, stehe nur da und sichere. Es herrscht die totale Ruhe und um mich herum ist nichts außer schöne Landschaft.

* * *

In den Bergen bin ich nicht nur mir selbst, sondern auch der Natur viel näher. Die kleinsten Dinge ziehen dann plötzlich ihre Aufmerksamkeit auf sich: Wenn ich am Waxenstein herumkraxle und eine ganz zarte Wildblume, zum Beispiel ein blaues Schusternagerl, aus einem Felsblock herauswachsen sehe, dann staune ich immer wieder aufs Neue: »Wow, wie schafft sie es nur, dem Wind und der Kälte zu trotzen und zwischen den harten Kalkfelsen zu überleben?« Oder wenn ich beim Zustieg zu einer Kletterroute auf Blaubeersträucher treffe: Dann freue ich mich wie ein kleines Kind über diese süßen blauen Früchte, die in rauem Klima ohne menschliches Zutun gedeihen und die ich mir einfach in den Mund stecken kann. Es ist wichtig, diese kleinen Geschenke der Natur nicht als selbstverständlich zu betrachten, sondern ihnen Beachtung zu schenken.

Doch das Gebirge ist nicht nur von landschaftlichen Gegensätzen geprägt. Wenn ich der Natur nah bin, bin ich ihr gleichzeitig auch ausgesetzt und sie zeigt mir nicht nur ihre Schönheit, sondern auch ihre Brutalität. Ganz intensiv ist das beim Biwakieren zu spüren: Die Romantik eines Sternenhimmels am Abend wandelt sich schnell in das Grauen einer dunklen, kalten und rauen Nacht. Und besonders zum frühen Morgen hin werde ich oft unruhig und frage mich ständig: »Wann wird es endlich hell?« Wenn die Sonne aber aufgeht, wird es gleich eine Spur wärmer. Trifft mich der erste Sonnenstrahl im Gesicht, werde ich wie ein wechselwarmes Tier zum Leben erweckt und denke erleichtert: »Ah, jetzt geht's wieder, jetzt ist alles gut!«

Niederschläge können einerseits etwas ganz Friedliches sein und andererseits zur Gefahr werden. Während ein warmer Sommerschauer im Tal auch etwas sehr Schönes sein kann, bedeutet eine einziehende Regenfront am Berg eher Unheil. Die Landschaft hüllt sich in Wolken, präsentiert sich nur noch grau in grau. Schnell durchdringen Nässe und Kälte den Körper. Kommt zusätzlich Wind hinzu, wird es richtig unangenehm: Er raubt viel Energie und zehrt mich regelrecht aus.

In gefrorenem Zustand, im Winter, kann Niederschlag wiederum unglaublich schön sein. Schnee ist sanfter und ich liebe es, in tief winterliche Landschaften gänzlich einzutauchen. Die Stille in ihnen ist etwas Einzigartiges. Sie überträgt sich auf mich und mein Gedankenchaos beruhigt sich. Sie zaubert mir automatisch ein Lächeln ins Gesicht. Ich kann mich an eine Skitour erinnern, die wir vom Skistadion in Partenkirchen aus starteten. Es schneite wie verrückt. Über drei Stunden glitten wir durch den Wald und über Wiesen und trafen niemanden. Wir waren regelrecht eingehüllt von der Schneelandschaft. Dann erreichten wir die Stuibenhütte. Ich sah das Licht und den Rauch und war einfach nur glücklich über dieses Erlebnis: Die Tour bot keine besondere Herausforderung oder Action, nicht mal eine großartige Abfahrt. Eigentlich geschah einfach nichts. Aber gerade das war es, was das Erlebnis ausmachte.

Mich fasziniert es, wie die Natur aus einem Element so viele verschiedene Zustände hervorbringen kann: fließendes Wasser, weichen Schnee, hartes Eis ... Und sogar

Eis ist nicht nur abweisend, sondern kann unglaublich schön sein! Es bildet die bizarrsten Formen aus, zeigt sich dabei immer anders und bietet in seiner stabilsten Form sogar die Möglichkeit, an ihm zu klettern.

Zu den im Gebirge gewaltigsten und gleichzeitig faszinierendsten Wettergeschehen gehören Gewitter. Die Angst vor Gewittern ist beim Bergsteigen und vor allem beim Klettern immer präsent. Einige aus meinem Bekanntenkreis mussten schon schlimme Erfahrungen mit Blitzeinschlägen machen. Gewitter sind unberechenbar und es ist immer mit Glück verbunden, wo genau eine Gewitterzelle hinzieht und ein Blitz einschlägt. Während des Corona-Lockdowns war ich mit meinen Freunden Chrissi, Matti und Kathi auf der Meilerhütte, als sie offiziell geschlossen war. Wir kennen die Wirtin und hatten die Erlaubnis, übers Wochenende allein oben zu übernachten. Abends braute sich ein heftiges Gewitter zusammen. Durch die Fenster beobachteten wir die Blitze, wie sie im Sekundentakt die Felsen um uns herum aufhellten. Plötzlich schrillte ein Telefon. Erschrocken fuhren wir herum. Da erinnerten wir uns, dass das Telefon der Materialseilbahn immer dann läutet, wenn der Blitz in deren Stahlseil fährt. Es war eine ganz unheimliche Situation, die uns die Gewalt der Natur unmittelbar vor Augen führte. Draußen toste der Wind um die Hütte und es donnerte wie verrückt, drinnen klingelte immer wieder wie von Geisterhand das Telefon. Wir waren froh, im Warmen zu sitzen, und hofften, die Blitze würden nicht die Hütte selbst treffen.

Faszinierendes und Bedrohliches gehören gleichermaßen zum Bergsteigen dazu. Dabei bringt es mir aber nichts, Naturgewalten als Gegner zu betrachten. Ich kann am Berg auch keine Tür zumachen und das Wetter aussperren. Aber das will ich auch gar nicht. Naturgewalten sind Teil meines intensiven Bergerlebens. Ich muss mich auf diese Begebenheiten einlassen, sie spüren und lernen, mit ihnen umzugehen und mich zu schützen. Insbesondere im Hochgebirge muss ich mir deshalb die existenziellsten Fragen des (Über)Lebens stellen: Was bietet mir die Natur, wo ich mich unterstellen kann, damit ich nicht nass werde und friere? Wie versorge ich mich? Mit der Zeit komme ich dem Ursprünglichen wieder näher und lerne, wie ich die Natur zu einem gewissen Grad lesen und nutzen kann: Ich erkenne die Zeichen für einen Wetterumbruch und Tierspuren, die mich aus unwegsamem Gelände herausführen; ich weiß, wie ich an Wasser gelange und kann Feuer machen, um mich zu wärmen.

Mein gesamter Aufenthalt am Berg ist eine permanente persönliche Auseinandersetzung mit ihm – auch beim Klettern selbst, wenn das Wetter ruhig und Nebensache ist. Schaue ich aus weiter Entfernung frontal auf eine Wand, erscheint sie mir meist sehr glatt, steil oder sogar abweisend. Je weiter ich zusteige, desto mehr kann ich aber Strukturen erkennen. Der Berg zeigt sich mir nun zunehmend in einem anderen Licht und mit wachsender Erfahrung schärft sich mein Blick für seine logischen Linien und Schwachstellen. Ich erkenne, wo er mir vielleicht einen Weg offenbart, hindurchzukommen.

Wenn ich dann in die Wand einsteige, schaue ich von Seillänge zu Seillänge, welche Möglichkeiten der Berg mir bietet. Er ist kein Sportgerät mit Bedienungsanleitung – ich muss mich als Mensch auf ihn und seine Beschaffenheit einlassen: Was stellt er mir zur Verfügung und wie kann ich das Gegebene, die Struktur mit meinen Fähigkeiten nutzen?

Das zeigt auch wieder, was für eine kleine Rolle wir Menschen in dem ganzen System spielen. Die Felsen sind seit Tausenden von Jahren da und erzählen eine Geschichte. Fels ist nie gleich, verändert sich und besteht aus verschiedenen Gesteinsarten: Dolomit, Granit, Kalk, Gneis. Immer wieder aufs Neue entdecke und erfühle ich diese verschiedenen Strukturen: Hat der Fels Löcher, Schuppen, Risse oder Leisten? Ist er brüchig und warum? Wie hängt das zusammen? Diese Interaktion mit dem Fels wird umso intensiver, je mehr ich an die Grenze meines Kletterkönnens komme, weil ich dann noch genauer hinschauen und -fühlen muss: Wo könnte ein Griff oder Tritt sein, um weiterzukommen; wird der Riss vielleicht ein bisschen breiter, um eventuell doch eine Sicherung legen zu können? Dabei werde ich immer wieder überrascht, wie sogar eine scheinbar total glatte Platte Strukturen und kleinste Tritte und Griffe bietet.

* * *

Die Natur ist perfekt. Sie bietet uns alles und gibt uns alles vor. Wir sind auf dieser Erde, die es schon seit Milliarden von Jahren gibt, zu Gast – das versuche ich mir immer wieder vor Augen zu führen. Ich fühle mich mit der Natur verbunden und erkenne ihren großen Wert. Wegen ihr und durch sie darf ich all die intensiven und wunderschönen Erlebnisse beim Bergsteigen erfahren. Ich versuche vor der Natur demütig zu sein und es ist mir ein Anliegen, dass wir unsere Natur schützen und bewahren – Aber: Als Bergsportlerin nutze ich die Natur auch. Ich stelle mich zwar nicht heroisch vor den Berg und rufe ihm zu: »Heute bezwinge ich dich!« Doch die Berge sind für mich – das gebe ich ganz ehrlich zu – nicht nur ein schützenswerter Naturpark. Denn würde ich das in letzter Konsequenz zu Ende denken, müsste ich für ein Betretungsverbot sein: Wenn ich Natur wirklich zu 100 Prozent Natur sein lassen will, darf ich auch keinen Fuß mehr hineinsetzen.

Das ist das große Dilemma der Bergsteiger: Wir gehen in die Berge wegen der Berge. Wir stellen die Auswirkungen des Klimawandels an unseren »Heiligtümern‹ drastisch fest – Gletscher sind offener, Randklüfte schwieriger zu überqueren, Berge wie der Mont Blanc und das Matterhorn werden gesperrt, klassische Kletterziele wie der Bonatti-Pfeiler an der Petite Dru stürzen zusammen, zu lange Schönwetterperioden machen durch die Wärme das Bergsteigen gefährlicher. Wir wollen unsere Berge deshalb schützen und bewahren, lieben es aber gleichzeitig, sie zu besteigen. Dabei hinterlassen auch wir Spuren – mögen wir uns auch noch so sensibel verhalten.

Das beginnt schon bei der Anreise: Viele Bergliebhaber haben die Berge nicht direkt vor ihrer Haustür und nutzen deshalb sehr oft ihr Auto. Ich nehme mich da selbst nicht aus. Ich wohne zwar mitten in den Bergen, setze mich aber, wenn ich in die Dolomiten oder nach Chamonix möchte, ebenso ins Auto. Oder ich steige ins Flugzeug, um in die Cordillera Blanca oder nach Georgien zu kommen – Bergsteigerziele erstrecken sich über die ganze Welt. Unser CO_2-Fußabdruck ist deshalb nicht besser, nur weil wir uns der Natur verbunden fühlen.

Mein Fußabdruck als ehemalige Leistungssportlerin ist sogar noch viel tiefer, da ich viel gereist bin und es immer noch tue. Ich trage auch nicht immer meine Klamotten auf. Wegen beruflicher Faktoren und auch durch mein privates Freizeitverhalten führe ich kein besonders nachhaltiges Leben. Mir ist das bewusst und es wäre deshalb falsch von mir, den Zeigefinger zu heben.

Aber ich versuche, die Probleme zu sehen, mich immer wieder kritisch zu hinterfragen und einen eigenen Weg zu finden, wie ich umweltfreundlicher und nachhaltiger leben und Bergsport betreiben kann. Es sind kleine Maßnahmen, aber ich finde, jede Einsparung und jedes Engagement zählen: Wann immer es geht, fahre ich bei mir zu Hause mit dem Rad zum Bergsteigen und Klettern. Ich nutze ein Hybrid-Fahrzeug und bei weiteren Strecken versuchen meine Freunde und ich Fahrgemeinschaften zu bilden. Wir übernachten oft im Auto, das ist nicht immer angenehm, aber dafür brauchen wir nicht den nächsten Hotelkomplex mit Whirlpool und Sauna. Ich setze mich auch kritisch mit meinen Fernreisen auseinander. Bei meiner ersten Reise zum Elbrus postete ich noch Fotos aus dem Flugzeug – darauf bin ich heute nicht mehr stolz. Die ganze Einstellung zu diesem Thema und seine Wertigkeit haben sich – zurecht – sehr geändert. Trotzdem verzichte ich nicht komplett auf das Fliegen. Noch bin ich nicht so weit zu sagen, dann gehe ich halt drei Wochen in Mitteldeutschland zum Bouldern statt in Patagonien zum Klettern. Natürlich wäre es besser, gar nicht zu fliegen. Aber ich versuche zumindest, mich möglichst lange vor Ort aufzuhalten, und ich leiste im Anschluss einen CO_2-Ausgleich.

Außerdem engagiere ich mich als Athletenvertreterin in der Arbeitsgruppe Nachhaltigkeit der International Biathlon Union. Deren Ziel ist es, Biathlon bis 2026 als führende Disziplin bei der Förderung von Nachhaltigkeit im Sport zu etablieren. Einer der zentralen Grundsätze dieser neuen Strategie ist das Ziel, bis 2030 klimaneutral zu werden. Das wiederum zeigt mir, dass der Leistungssport sich seiner Probleme in Bezug auf Ressourcennutzung bewusst ist, und ich finde es wichtig, dass hier aktiv etwas getan wird.

Und ich freue mich, Botschafterin für das Alpenschutzprojekt *Eagle Wings* sein zu dürfen, in dessen Fokus die verschwindenden Alpengletscher stehen. Das Besondere an dem Projekt ist, dass auf die Klimaveränderungen unter anderem aus der Perspektive eines

Adlers aufmerksam gemacht wird, der, mit einer speziellen Kamera »ausgestattet«, beeindruckende Film und Fotoaufnahmen liefert. Die Gründerin Nomi Baumgartl möchte so Menschen faszinieren, sie berühren und dafür begeistern, ein neues Bewusstsein für die wahren Werte der Natur zu entwickeln. Mir gefällt dieser Ansatz besonders gut, weil Bilder für mich viel eindrücklicher sind als nur Worte.

* * *

Den Bergen nähere ich mich am liebsten langsam an und besteige sie möglichst vom Tal aus *by fair means*. Ich versuche, Seilbahnfahrten weitestgehend zu vermeiden, aber ich bin deshalb nicht per se gegen jede Art von Seilbahn. Das Ganze ist auch immer eine Frage der Perspektive. Ich komme selbst aus einem Ort, der von Touristen und deren Interessen lebt. Und nicht allen ist es möglich, zu Fuß auf einen Berg zu steigen. Das betrifft zum Beispiel manche alte Menschen oder Personen mit Einschränkungen. Haben sie deshalb kein Anrecht, dort oben zu sein, wenn es die technische Möglichkeit dazu gibt? Ich verstehe auch, dass nicht jeder Seilklettern mag und dass Klettersteige ihren Reiz haben und Spaß machen. Ich bin daher nicht grundsätzlich gegen solche Klettersteiganlagen. Es sollte für jeden etwas dabei sein, der es mit der Natur und den Bergen ehrlich meint. Neuerschließungen, ein Ausbau von Skigebieten oder die Installation riesiger künstlicher Kletteranlagen in den

Bergen hingegen sind nicht mehr zeitgemäß. Ich denke, man muss die Menschen stattdessen kanalisieren, also beispielsweise in die Skigebiete lenken, deren Betrieb noch sinnvoll ist, statt kleine, tiefer gelegene Skigebiete mit Skikanonen aufzurüsten. Für Letztere wiederum wären Überlegungen sinnvoll, wie man die bereits bestehenden Anlagen anders nutzen kann.

In diesem Zusammenhang sehe ich auch den Bau der »AlpspiX«-Aussichtsplattform 2010 am Osterfelderkopf unterhalb der Alpspitze bei uns in Garmisch-Partenkirchen, gegen die es sehr große Proteste gab. Ich war damals noch zu jung und hatte keine wirkliche Meinung dazu. Heute sehe ich das weder schwarz noch weiß. Der Reiz dieser Plattform ist offensichtlich: Den Ausblick sowie den Einblick in die Tiefe, den Rausch haben viele Menschen sonst nicht. Natürlich ist es faszinierend, wenn man - gesichert - über dem Abgrund steht. Ich habe dieses Erlebnis beim Klettern, aber das können und wollen nicht alle. Und es wäre auch in niemandes Interesse, wenn all diese Menschen mit Klettern oder Klettersteiggehen anfangen würden.

Es ist nicht grundsätzlich falsch, den Menschen Attraktionen zu bieten, solange es sich im Rahmen hält. Die schwierige Frage dabei ist: Wo setzt man dem Erlebnis eine Grenze, weil ansonsten die Belastung für und der Eingriff in die Natur zu groß sind? Ein zusätzlicher *Flying Fox* dort oben würde mir auch zu weit gehen. Oder wenn es Planungen zu solch einer Plattform an unberührten Bergen wie dem Waxenstein oder in Gegenden mit intakter Flora und Fauna gäbe, dann würde ich auch auf die Barrikaden gehen. Aber ist es so falsch, den Menschen auch im Sommer etwas zu bieten, wo der ganze Osterfelderkopf durch die Bahn und das Skigebiet sowieso schon so verbaut ist? So lenkt man die Massen und konzentriert sie zumindest an einem Fleck, der von seiner Natürlichkeit sowieso schon viel eingebüßt hat, und verschont dadurch noch weitgehend unberührte Berge.

Das gilt beispielsweise auch für ein anderes Thema: Es ist schade, dass wir in Garmisch-Partenkirchen immer noch keinen Bikepark haben. Das Skigebiet und die dazugehörige Infrastruktur mit Parkplätzen, Toiletten und Bergbahnen sind schon da – warum sollen wir das nicht nutzen und auf diesen Flächen einen Bikepark für schneefreie Zeiten installieren? Ich glaube nicht, dass die Wirkung auf die Umwelt besonders negativ ausfallen würde. Ganz im Gegenteil: Es gibt ganz viele motivierte Radfahrer, die auch gerne in den Bergen unterwegs sind, die nicht auf den flachen Radwegen bleiben, sondern Steige rauf- und runterfahren wollen. Wenn wir diesen Leuten nichts bieten, dann fahren sie – wie schon jetzt – irgendwo kreuz und quer durch Wald und Wiesen und den Wanderern über die Füße. Außerdem könnten wir damit auch im Sommer etwas anbieten und der Betrieb der bereits bestehenden Bahnen würde sich weiterhin lohnen.

* * *

Gerade für kleinere und mittelgroße Orte braucht es dringend gute, an Massentourismus und Klimawandel angepasste Gesamtkonzepte. Wenn diese – sinnvoll und nachhaltig – bestehende Infrastrukturen miteinschließen wollen, stehe ich solchen Ideen grundsätzlich sehr offen gegenüber. Denn die Massen sind nun mal da und der Drang der Menschen, in die Berge zu gehen, ist sehr groß – das ist für mich absolut nachvollziehbar, ich gehe ja selbst sehr intensiv in die Berge. Ich maße mir deshalb auch nicht an, anderen das Recht auf Natur und Berge abzusprechen, nur weil sie nicht vor Ort wohnen, ihre Liebe zu den Bergen neu entdeckt haben oder keine »echten« Bergsteiger sind.

Garmisch-Partenkirchen und Umgebung mit dem Eibsee und der Zugspitze sind ein totaler Besuchermagnet – dazu kam es aber nicht von selbst. Das wurde jahrzehntelang forciert. Jetzt kommen die Menschen und wir beschweren uns, dass es viel zu viele sind, und hätten am liebsten, dass sie wieder wegbleiben. Natürlich sehe auch ich, dass die Aufnahmekapazität begrenzt ist. Gerade an den Wochenenden und zu Stoßzeiten sind Ecken wie der Eibsee maßlos überlaufen. Aber wenn wir ein Sport-Ort sein wollen und auf Tourismus setzen – und auch die ganzen Vorteile daraus ziehen –, dann dürfen wir uns nicht beklagen, sondern müssen einen geeigneten Umgang mit diesen Massen finden und darauf achten, dass wir dabei möglichst wenig Schaden an der Umwelt anrichten und unsere Heimat und Traditionen nicht verkaufen. Noch sind wir eine reizvolle und überschaubare Marktgemeinde mit intaktem Dorfleben, kleinen Cafés und netten, malerischen Ecken. Diesen besonderen Charme des kleinen Ortes inmitten der Berge gilt es für mich zu bewahren.

Leider sind wir aber bisher nicht in der Lage, ein besseres und vor allem einheitliches Konzept für den Ort und die Region zu finden. Es gibt so viele und unterschiedliche Interessen und irgendwie leben wir mit einer »Wir sind erst mal gegen alles«-Mentalität. Es mangelt nicht an Ideen, sondern am gemeinsamen Nenner von uns Bürgern. Ich selbst bin in einem Widerspruch gefangen: Ich erkenne die Probleme, kritisiere die Lage, habe aber selbst auch nicht **die** Gesamtlösung parat. Was ich allerdings sehe, sind erfolgreiche Konzepte zur Lenkung von Besuchermassen in anderen Regionen wie beispielsweise in Tirol und Südtirol – sicher auch nicht alle perfekt, ein Blick darauf könnte sich trotzdem lohnen.

* * *

Es geht mir aber nicht nur darum, Besuchermassen zu lenken und sich über Umweltschutzkampagnen Gedanken zu machen. Die Menschen sollten sich wieder mehr Zeit nehmen und Bewusstsein für die Einzigartigkeit und Schönheit der Natur entwickeln – und zwar über ihre eigene Wahrnehmung und nicht über das Smartphone oder andere Medien. Nehmen wir das Beispiel des Eibsees unterhalb der Zugspitze. Er ist mit seinem türkisblauen und glasklaren Wasser, in dem sich die grauen, steilen Felswände des Wettersteins spiegeln, ein Idyll aus dem Bilderbuch – der perfekte Ort, eine Augenweide.

Aber leider gehen wir nur noch selten zu solch einem Ort, um uns erst mal nur umzuschauen, die Gegend zu erkunden und all ihre Schönheit auf uns wirken zu lassen. Sondern wir kommen an, »scannen« einmal quer, registrieren, »das ist ein besonderer Ort«, zücken unser Handy und schießen ein Foto nach dem anderen. Anschließend schauen wir nicht mehr auf den See, sondern auf das Foto vom See im Handy und posten es meist noch vor Ort, um dann gleich zum nächsten »Hotspot« aufzubrechen – wir waren an einem perfekten Ort, haben es aber trotzdem nicht am eigenen Leib erfahren!

Wir haben uns angewöhnt, die Dinge mit Fotos und Videos zu erleben und zu konservieren. Aber halte ich die Schönheit und die Erinnerung an den Moment und einen faszinierenden Ort nicht viel besser in mir drin fest, wenn ich sie intensiv wahrnehme, anstatt hundert Fotos davon zu knipsen? Mein Speicherplatz im Kopf wird von Fotos nicht berührt. Ich muss mich mit meinen Sinnen darauf konzentrieren, den Ort mit meinen Augen sehen, dann riechen, hören und erspüren, damit eine intensive Erinnerung in meinem Gedächtnis bleibt. Viele von uns haben es verlernt, so zu erleben und zu erinnern. Natürlich ist es trotzdem schön, Fotos zur Erinnerung zu machen – aber eben nur, wenn ich beides gemacht habe: den Moment intensiv erlebt und auf Foto festgehalten.

Wenn wir es wieder schaffen würden, mehr im Hier und Jetzt zu sein und die Einzigartigkeit der Natur mit allen Sinnen und nicht auf einem Bildschirm zu erleben, dann würde vielleicht auch der Respekt vor der Natur von selbst zurückkommen. Und mit einem achtsamen Umgang würden wir nicht nur uns selbst, sondern vor allem auch künftigen Generationen etwas Gutes tun, denn »wir haben die Erde nicht von unseren Eltern geerbt, sondern von unseren Kindern geliehen« (Indianische Weisheit).

Kapitel 9
Hier bin ich

Mit Erscheinen dieses Buches sind bald vier Jahre vergangen, seit ich im Mai 2019 das Ende meiner Biathlonkarriere verkündet habe. Ein halbes Jahr später bin ich mein letztes Rennen gelaufen. Seitdem werde ich oft gefragt, ob es mir nicht fehlt, Wettkämpfe zu bestreiten und mich mit anderen Spitzensportlern zu messen. Tatsächlich vermisse ich weder die kurzen Wettkampfintervalle von 15 bis maximal 45 Minuten noch die strenge Saison-Taktung, also bis zu 38 Rennen von November bis Ende März. Das mag überraschend klingen, denn ich bin durchaus ein Wettkampftyp, sprich: Ich kann meine im Training erworbene Leistungsstärke auch meist in der Wettkampfsituation gut umsetzen. Dabei war meine Hauptmotivation aber nie, andere zu besiegen. Gewiss brauchte es die Rennen und andere Athleten, um meine eigene Leistung an einer »Kennzahl« festzumachen. Und natürlich war es schön, mit einer Medaille um den Hals auf dem Podest zu stehen und sich von Familie und Fans bejubeln zu lassen. Aber im Vordergrund stand für mich immer, meine ganz persönliche Leistung im Sport stetig zu steigern. Die »Show« und das Drumherum der Rennen wären nicht immer nötig gewesen, eine Ergebnisliste als Bestätigung hätte mir zwischendurch auch gereicht.

Was heute noch immer wieder zum Vorschein kommt, ist die Leidenschaft, mich messen zu wollen – allerdings mit mir selbst und nicht mit anderen. Das gilt auch für Trailrunning-Läufe. Ich nehme nicht daran teil, um als Leistungssportlerin Laura Dahlmeier Schlagzeigen zu machen – ich habe mir deshalb auch schon mal einen Scherz bei einem der *Zugspitz Ultratrails* erlaubt: Ich hatte keine Lust, vor und nach dem Lauf im *Garmisch-Partenkirchner Tagblatt* meinen Namen zu lesen, deshalb meldete ich mich als *Kreszenzia Waschtlbaur* an. Während des Laufs führte das bei den heimischen Bergwachtlern, die die Streckenbetreuung übernommen hatten, zu Verwirrung. »Hoi Laura, was machst denn du da? Ja, saugut! Aber ich hab dich gar nicht auf der Liste gesehen ...«, riefen sie mir zu, als sie mich erkannten, dann begannen sie die Teilnehmerlisten zu durchforsten. »Ich versteh das nicht, die steht da gar nicht drauf, wie kann das sein?« – »Ich versteh das auch nicht, das gibt's doch gar nicht!?«, hörte ich sie noch rätseln und lief grinsend weiter.

Trailrunning-Läufe stellen für mich einen besonderen Reiz dar, weil ich draußen in der freien Natur unterwegs sein darf und diese trotz der körperlichen Anstrengung genießen kann. Und weil sie nicht so kurz und hoch intensiv wie Biathlonwettkämpfe sind, sondern sich je nach Distanz über viele Stunden ziehen, in denen ich permanent gefordert bin, weiter- und weiterzumachen. Mein größter Konkurrent bin dabei ich selbst. Meine Intention ist es nicht, die anderen Läufer zu besiegen, sondern meinen eigenen Kopf. Wenn ich intensiven Sport treibe, kommt immer irgendwann der Punkt, bei dem mein Körper signalisiert: »Ich kann nicht mehr.« Wenn ich bei einem Zehn-Stunden-Lauf durch die Berge mitmache, plagt mich dieser Gedanke und das Verlangen aufzuhören über viele Stunden lang. Ich bin die ganze Zeit damit beschäftigt, diesen Gedanken zu bekämpfen und mich zu motivieren, nicht aufzugeben. Ich vergleiche das gerne mit dem Bild von Teufelchen und Engelchen, die mir auf der Schulter sitzen und sich einen Schlagabtausch liefern: »Hör auf, du kannst nicht mehr, du bist müde!« – »Es geht schon, reiß dich zusammen!« – »Nein, du bist durch, alles tut weh.« – »Doch, du bist stark, auf geht's, du schaffst das!«

Natürlich versucht jeder Trailrunning-Teilnehmer – und das gilt auch für mich –, seine beste Leistung abzurufen, und freut sich, wenn er es am Ende ins vordere Feld geschafft hat. Aber am Streckenrand und im Ziel werden nicht nur die Besten angefeuert, bejubelt und gefeiert, sondern alle – bis zu den letzten, mit einigem Abstand eintreffenden Läufern. Danach findet ein Fest mit Musik und Essen statt, bei dem weder zwischen ersten und letzten Läufern noch zwischen Betreuern und Zuschauern unterschieden wird – dieser Gemeinschaftsgedanke ist etwas ganz Besonderes und begeistert mich sehr. Ich hoffe, er wird trotz der aktuellen Professionalisierung noch lange bewahrt.

Um mich mit mir selbst zu messen, braucht es aber nicht zwingend den offiziellen Wettkampfrahmen. Viel öfter sind es selbst gesetzte Ziele vor meiner Haustür, wie zum Beispiel den Wank oder den Hohen Ziegspitz in einer Stunde hochzujoggen. Oder spontane und unbedeutende Gelegenheiten, die mir über den Weg laufen und mich herausfordern. So wie im Sommer 2022 in Chamonix: Während unserer Bergführer-Lehrgänge ging ich zwischendurch gerne zum Joggen. Eines Morgens hatte ich mir eine Strecke entlang des Flusses Arve ausgesucht und entdeckte in einem lichten Wald beim Vorbeilaufen eine Slackline, die über die gesamte Breite des Flusses mit seinem eisblauen Wasser gespannt war. Ich stockte kurz, denn der Gedanke, die Slackline zu begehen, reizte mich ungemein – ich kann zwar slacken, aber ich war noch nie über Wasser balanciert –, irgendwas hielt mich aber ab. Ich lief weiter. Erst als ich ein paar Tage später zum dritten Mal an der Slackline vorbeikam, gab ich mir einen Ruck: »Ach komm, was soll's. Im schlimmsten Fall plumpse ich in den Bach, und so tief ist der ja nicht.« Ich setzte den ersten Fuß auf die Slackline, holte den zweiten hinterher und fand mein Gleichgewicht. Vor mir lagen ungefähr zwölf Meter. Noch war ich über dem Waldboden. Sicher setzte ich Fuß vor Fuß. Dann erreichte ich das Wasser. Auf einen Schlag zitterten meine Beine. Die fließende Bewegung unter mir irritierte mich total. »Okay, ganz ruhig«, sagte ich mir, »noch stehst du mit einem Fuß über festem Boden, noch könntest du abspringen.« Da waren sie wieder, das Teufelchen und das Engelchen. »Nein, komm, weiter. Das geht schon!« Ich atmete tief durch, beruhigte mich und machte die nächsten Schritte. Nun war ich komplett über dem Fluss. Schon schoss es mir durch den Kopf: »Wenn ich jetzt falle, liege ich im Wasser.« Wieder begann ich gefährlich zu wackeln. »Bloß keine Panikattacke! Du kannst das! Komm schon!« Ich wurde wieder etwas ruhiger und schritt weiter, um im nächsten Moment wieder zu zittern. So führte ich weiter mein Selbstgespräch, hielt durch und schaffte es irgendwann tatsächlich ans andere Ufer – dieses Erlebnis hat mich noch lange danach beschäftigt. Ich war wirklich überrascht davon, wie stark meine Gedanken beziehungsweise mein mentaler Zustand die körperliche Performance beeinflussen. War doch die Slackline über dem Waldboden exakt dieselbe wie über dem Fluss – und trotzdem machte es für meine Stabilität so einen eklatanten Unterschied!

Ich drücke das gerne so aus, dass ich mich in solchen Momenten challengen möchte. Ich brauche das ab und zu. Ich will dann herausfinden, ob ich etwas schaffe oder nicht. Ich muss mir selbst beweisen, dass ich das kann, was ich mir soeben in den Kopf gesetzt habe. Im Fall der Slackline war niemand dabei, kein Mensch hat mich gesehen. Die Aktion hatte auch keinen besonderen Nutzen. Ich wusste im Vorfeld, ich kann diese Art von Slackline begehen, mit dem Element des Wassers kam aber eine neue Herausforderung hinzu und ich wollte wissen, ob ich diese mental bewältigen kann. So etwas in der Art mache ich immer wieder mal: Es macht mir Spaß, aber vor allem verlange ich ab und zu nach einem Erfolgserlebnis. Vielleicht bin ich sogar ein bisschen süchtig danach. Ich brauche das positive Gefühl, etwas aus eigener Kraft geschafft zu haben – um meine eigenen Fähigkeiten zu bestätigen und das Vertrauen in mich selbst zu bekräftigen. Und weil es für mich eine Komponente ist, die zum Glücklichsein beiträgt. Der große Durchbruch wie zu Biathlonzeiten muss es dafür aber nicht mehr sein.

* * *

Nicht zuletzt habe ich mit dem Bergsteigen etwas gefunden, was mich völlig erfüllt: Wenn ich mitten in einer großen Wand am Stand hänge und zwischen meinen Füßen hinunter in den tiefen Abgrund schaue, spüre ich jedes Mal aufs Neue, was für kleine Wesen wir Menschen doch sind. Im Vergleich zu diesem Erlebnis ist ein Biathlonrennen mit einem Mal gar nichts Großes mehr. Es geht mir nicht mehr um Leistung und Wettkampf: Ich unternehme keine Erstbegehungen und werde auch keine Meilensteine im Alpinismus setzen – ich mag nicht Geschichte schreiben, sondern Geschichte erleben! Ich liebe es, alte Klassiker und logische Linien zu klettern. Wenn diese Touren in der alpinen Szene dann noch einen gewissen Stellenwert haben, ist das toll, aber ich suche sie nicht danach aus. Im Vordergrund steht für mich, die Natur zu spüren und Abenteuer zu erleben.

Außerdem sind die Berge für mich eine Wohlfühlzone, in der ich mich besser regenerieren kann, als wenn ich mich zu Hause ins Bett lege und die Vorhänge zumache. Nirgendwo anders kann ich so gut Kraft tanken und meine mentale Stärke trainieren. Das war schon zu Biathlonzeiten so. Ich erinnere mich noch gut daran, dass ich, wenn ich mich nach Trainings- oder Wettkampfphasen in Oberhof endlich für die Heimfahrt ins Auto setzte, als Erstes den Wetterbericht für zu Hause anschaute. Besonders eine Rückfahrt von einem Weltcuprennen in Oberhof ist mir im Kopf geblieben: Ich musste unbedingt sofort wissen, wie es um die Schneeverhältnisse in Garmisch stand, und telefonierte meine Familie und Freunde durch, noch bevor ich an dem thüringischen Städtchen Suhl vorbei war. Denn obwohl ich sehr anstrengende Tage hinter mir hatte – oder gerade deshalb –, motivierte mich schon allein der Gedanke an eine Skitour in lockerem Pulverschnee so sehr, dass meine Erschöpfung fast schon vergessen war.

* * *

Meine Liebe zum Bergsport ist eine andere als die zum Biathlon. Beim Biathlon war ich kaum davon abzubringen, ständig auf mein selbst gesetztes Hauptziel – den Olympiasieg – hinzuarbeiten. Beim Klettern und Bergsteigen genieße ich vor allem meine Freiheit. Deshalb plane ich derzeit auch nicht mein nächstes großes »Ding«, nach dem ich oft gefragt werde. Wenn bei mir der Wunsch, ein gewisses Ziel erreichen zu wollen, zu groß wird, laufe ich Gefahr, eine Verbissenheit zu entwickeln. Davon möchte ich mich momentan losmachen. Ich muss zwar zugeben, dass es gar nicht immer so einfach ist, dieses Gefühl, nach etwas Größerem zu streben, einfach abzulegen – schließlich war ich von Kind an über Jahre darauf fokussiert. Aber es befreit mich ungemein, nicht mehr den Druck zu verspüren, ständig für das eine große Ziel arbeiten und weiterkommen und dafür alles andere liegen lassen zu müssen. Ich kann jetzt vielseitig unterwegs sein, ohne Rücksicht darauf nehmen zu müssen, dass die eine Aktivität möglicherweise negative Auswirkungen auf die andere haben könnte.

Allerdings ist es mir wichtig, dass ich nach Beendigung meiner Karriere nicht einfach herumsandle. Und ich bin nach wie vor der Meinung, dass ich ohne konkrete Zielsetzung nichts erreichen kann. Aber es sind jetzt die kleineren, teils auch spontaneren Ziele und Projekte, auf die ich mich konzentriere: Dazu gehören mein Studium der Sportwissenschaften, verschiedene Reisen und Klettertouren. Besonderen Spaß macht es mir, im Winter für ausgewählte Biathlonrennen als TV-Expertin für das ZDF zu arbeiten. Ich kann mich intensiv mit den Rennen und Athleten auseinandersetzen, dabei Aspekte meiner eigenen Karriere noch mal reflektieren und den Zuschauern zu Hause den Sport ein bisschen näherbringen – aus der Sicht des Beobachters, aber mit der Erfahrung einer Athletin. Diese Kombination macht für mich den besonderen Reiz aus. Und darüber hinaus ist es einfach unheimlich schön, die ehemaligen Kollegen zu treffen, eine Runde auf der Strecke zu drehen, sich mit den Trainern auszutauschen und so dem Biathlonsport noch verbunden zu bleiben, ohne selbst Rennen laufen zu müssen.

Eng verbunden bin ich auch weiterhin mit den meisten meiner Sponsoren, die mich schon als Biathletin unterstützt haben. Ich vergleiche meine Partnerschaften mit Unternehmen und Marken gerne mit einer erfolgreichen Seilschaft am Berg. Gemeinsam realisieren wir Projekte, für deren Erfolg es entscheidend ist, ein klar formuliertes gemeinsames Ziel zu verfolgen, dabei immer authentisch zu bleiben und vertrauensvoll auf Augenhöhe zu kommunizieren.

Mit der Bergführerausbildung strebe ich ein weiteres Standbein an, das es mir ermöglicht, draußen und direkt in den Bergen zu arbeiten. Allerdings immer nur als Ergänzung zu anderen Tätigkeiten, denn ich sehe die Gefahr, dass das Bergsteigen, wenn ich es zum Beruf mache, irgendwann eben nur noch Beruf, aber nicht mehr Hobby ist und die Leidenschaft dabei auf der Strecke bleibt.

Derzeit bin ich mit diesen vielen unterschiedlichen Tätigkeiten und damit verbundenen Zielen voll zufrieden. Ich lasse mich schnell begeistern und finde immer wieder neue, spannende Projekte. Allerdings neige ich dazu, mich so erneut zu überfrachten. Ich bin deshalb auch froh, wenn ich zwischendurch ein Projekt abschließen kann – idealerweise mit Erfolgserlebnissen. Aber wer ist das nicht?

* * *

Ich bin nicht der Typ, der seine Pläne gerne ausplaudert – weder in der Öffentlichkeit noch unter meinen Freunden oder in meiner Familie. Natürlich ist mir deren Meinung sehr wichtig. Dennoch frage ich sie erst um Rat oder weihe sie in eine Projektidee ein, wenn ich in der Planungsphase schon etwas weiter bin.

Mit der Öffentlichkeit teile ich meine Ziele im Vorfeld weniger gerne, weil durch meine Biathlonvergangenheit und meine anhaltende Bekanntheit bereits eine lose Idee eventuell schnell zu einem großen Thema gemacht wird, obwohl ich das gar nicht so vermittelt habe. Manchmal habe ich das Gefühl, dass die Sportszene nach wie vor sehr genau beobachtet, was ich so treibe.

Was für mich aber noch bedeutender ist: Sobald ich eine Idee ausspreche, wird diese vor allem für mich selbst sehr konkret. Und dann entsteht in mir automatisch der Anspruch, dieses Ziel erreichen zu müssen. Damit lege ich mich aber fest und nehme mir selbst die Freiheit, mich spontan umzuentscheiden, das Projekt zu ändern oder komplett fallen zu lassen. Für mich hat das deshalb nichts mit Geheimnistuerei zu tun oder dass ich meine Ideen grundsätzlich nicht mit anderen teilen will. Sondern ich möchte verhindern, den Druck von außen zu spüren, etwas erfüllen zu **müssen**, nur weil ich es ausgesprochen habe.

Erst wenn sich eine Idee in mir konkretisiert, beginne ich in meinem Umfeld gezielt Fragen zu bestimmten Themen zu stellen. Meine Freunde riechen dann schnell die Lunte: »Ach, was hast denn wieder vor?« Meist halte ich mich noch zurück: »Na, nix, mal schaun.« Frühestens wenn ich mir mit einem Vorhaben sicher bin, spreche ich es aus. Am liebsten aber eigentlich erst, wenn ich schon mittendrin stecke oder - noch besser - wenn ich mein Ziel erreicht habe. Dann teile ich meine Erlebnisse und meinen Erfolg sehr gerne - auch mit der Öffentlichkeit.

Insgesamt rede ich jetzt aber viel offener über mich als noch zu Biathlonzeiten. Ich habe den Eindruck gewonnen, dass die Medien mehr an meiner Person interessiert sind und weniger an der nächsten Schlagzeile zu einem Erfolg oder auch einem Misserfolg. Meine Aussagen werden neutraler aufgenommen, während ich früher manchmal die Befürchtung hatte, mir könnte etwas negativ ausgelegt werden. Und ich bin inzwischen einfach auch erfahrener und besser vorbereitet auf die eine oder andere Frage von Medienvertretern.

Zu Biathlonzeiten hätte ich nie ein Buch geschrieben. Da war ich der festen Meinung, dass all diese - teils ja auch sehr privaten - Themen niemanden etwas angehen. Es gab Biathlon und es gab mein privates Leben - klar getrennt. Ich fühlte mich so schon sehr vereinnahmt und wurde auf Schritt und Tritt verfolgt, ich wollte nicht noch mehr Details von mir preisgeben. Aktuell verschwimmen die Grenzen zwischen meinen öffentlichen Aktivitäten und meinem Privatleben: Bergsteigen war zu Biathlonzeiten definitiv privat, jetzt darf es ein Stück weit Teil meiner öffentlichen Aktivitäten sein. Insbesondere über die sozialen Medien lasse ich die Außenwelt gerne und nun wesentlich mehr als früher an meinem Leben teilhaben.

Aber alles hat seine Grenzen: Beispielsweise würde ich nie wollen, dass bei mir zu Hause eine Homestory gedreht wird. Das ist mein Daheim, das sind meine vier Wände.

* * *

Mit meiner Popularität musste ich erst lernen umzugehen. Sicher war ich auch vor 2018 bei Biathlonfans schon sehr bekannt, aber kurz nach meinem Olympiasieg nahmen der ganze Rummel und die öffentliche Aufmerksamkeit um meine Person noch einmal exponentiell zu. Das Bekanntsein hat viele Facetten, die für mich von Bewunderung bis Abstoßung reichen.

Auch heute passiert es mir noch fast täglich, dass ich erkannt werde – egal, wo ich mich gerade aufhalte: in der Fußgängerzone in Garmisch, im Supermarkt in München, beim Radfahren auf Mallorca, beim Tanken in Österreich, in einer Gaststätte in Italien oder gar in Russland. Als ich privat in Hamburg war, erhielt ich prompt über Instagram die Nachricht: »Du bist doch gerade über den Fischmarkt gejoggt! Leider habe ich es nicht mehr geschafft, ein Foto von dir zu machen ...« Manche Fans reisen möglicherweise sogar extra nach Garmisch und freuen sich dann wie verrückt, wenn sie mich tatsächlich zufällig treffen. In der Regel mache ich dann auch gerne ein Foto und unterhalte mich kurz mit ihnen. In ihrer Überschwänglichkeit laden sie mich auch mal zum Essen ein, aber das lehne ich möglichst höflich ab. Dafür bin ich nicht der Typ, das geht mir zu sehr ins Private.

Mittlerweile erfasse ich die Situation ganz gut, wenn jemand denkt, mich erkannt zu haben. Das sind ganz spezielle Blicke: Die Personen schauen immer wieder zu mir her, dann wieder weg. Zwischendurch besprechen sie sich kurz mit ihren Begleitern oder vergleichen ein Bild aus dem Internet. Nett sind Begegnungen mit Menschen, die sehr zurückhaltend sind und ganz zaghaft fragen: »Bist du die, die ich meine?« Ich reagiere dann gerne etwas neckisch: »Keine Ahnung, ich weiß nicht, wen du meinst.« – »Ja, kann man dich kennen?« – »Ja, kann man schon, aber ich weiß nicht, ob **du mich** kennst.« Oder sie erkennen mein Gesicht, kommen nicht drauf, wer ich bin, quatschen mich aber trotzdem ganz selbstbewusst an: »Wir kennen uns doch irgendwoher!« – »Nein, das glaub ich nicht.« – »Doch, doch! Wir haben uns schon mal gesehen!«, sie seien sich ganz sicher, wir würden uns kennen. Ich verneine dann erneut und kann ihnen richtig ansehen, wie es in ihnen arbeitet. Irgendwann erlöse ich sie: »Vielleicht haben **Sie** mich schon einmal gesehen. Aber **ich** habe Sie noch nie gesehen. Schauen Sie vielleicht Wintersport?« – »Oh ja, ja, ja!« – »Biathlon?« Dann fällt meist der Groschen. Leider gibt es aber auch Menschen, die kein Gespür haben und durch die Menge grölen: »Hey, Dahlmeier, geh her, lass mal ein Foto machen!« So ein Verhalten kommt bei mir nicht gut an. Ich bin kein Zirkuspferd und lege zumindest auf einen gewissen Umgangston Wert.

* * *

Wenn ich nicht aufpasse, könnte ich bald den ganzen Tag damit verbringen, mich zu unterhalten und Geschichten über mich zu erzählen, Autogramme zu geben und Fotos zu machen. Ich meide deshalb größere Menschenansammlungen oder Zeiten, in denen besonders viel los ist. Meine Freunde und meine Familie sind diese Situationen mittlerweile gewöhnt, sie reagieren aber ganz unterschiedlich darauf. Manche entschuldigen sich sogar bei mir, dass es ihnen leidtut, was ich da alles aushalten müsse und dass das ja schlimm sei, ständig angesprochen zu werden. Manchen ist es auch zu viel, sie sind regelrecht genervt davon und verdrücken sich. Andere wiederum wollen mir helfen und bauen sich wie eine Art Schutzschild vor mir auf und übernehmen die Situation. Oft tut es auch mir leid, dass wir ständig aufgehalten werden und selten unsere Ruhe haben. Dann sage ich zu meinen Freunden: »Geht doch schon mal vor, ich komme gleich nach!«

Wenn es mir zuweilen selbst zu viel wird, dann sage ich den Menschen auch durchaus mal, dass es jetzt einfach nicht passt. Mir ist bewusst, dass sich das für jemanden blöd anfühlen muss, wenn ich ihn abweise und quasi links liegen lasse. Ich musste das auch erst lernen. Aber es gibt einfach Momente, in denen ich Grenzen setzen muss. Ein normaler Arbeiter hat auch irgendwann Feierabend, und manchmal muss es auch für mich möglich sein, als Privatperson ungestört unterwegs sein zu können.

Viele eingefleischte Biathlonfans sind mir bis heute treu und ich bekomme nach wie vor sehr viel liebevoll gestaltete Fanpost. Sie schicken mir ganz unterschiedliche Dinge, von der Deutschlandfahne über Geschirr bis zu Gebasteltem – als Geschenk oder mit der Bitte um Rücksendung mit einem Autogramm. Das mache ich dann auch gerne. Aber auch bei der Fanpost muss ich Grenzen setzen: Ich bekomme beispielweise häufig Videoanfragen für private Feiern oder Familienanlässe – das empfinde ich als große Ehre, ich kann es aber einfach nicht leisten.

Mich beeindruckt das wirklich sehr, dass mich so viele Menschen kennen und was sie mir von sich berichten: Wie sie damals mitgefiebert und jedes Rennen von mir verfolgt und dabei viele spannende und lustige Momente erlebten hätten. Teilweise wurde ein riesiger Aufwand getrieben – insbesondere bei mir zu Hause. So kam beispielweise der Bewegungskindergarten von Oberammergau extra mit dem Ortsbus ins Skistadion zum Public Viewing. Der traditionelle Maschkera-Umzug 2018 stand anlässlich meiner Olympiateilnahme unter dem Motto »Olympia« und spielte den Einmarsch der Nationen nach. Und nebst Fanclub, Familie und Freunden fuhren sowohl unser Landrat Anton Speer wie auch der Skiclubpräsident Michael Maurer mit dem Fanbus zu meinem letzten Rennen nach Schalke und alle gemeinsam feierten wir meinen Abschied vom Biathlon mit einem phänomenalen Fest.

Viele erzählen mir auch, dass sie sich von meiner Art inspiriert fühlten und zum Beispiel wegen mir mit Langlaufen begonnen hatten. Von Kindern höre ich oft, dass sie zu Hause Biathlon spielten und versuchten, mich zu imitieren. Und mir tut es gut, dass mir jetzt – im Gegensatz zu noch vor ein paar Jahren – zunehmend Verständnis für meine Entscheidung entgegengebracht wird: »Du hast alles richtig gemacht und hast zum richtigen Zeitpunkt aufgehört. Mach weiter so, das ist ein toller Weg!« Jetzt würden sie das auch verstehen. Ich höre das gerne, es motiviert mich, meinen Weg so weiterzugehen, wie ich es gerade tue.

* * *

Ich habe den Leistungssport nicht betrieben, um berühmt zu werden. Das ist ein Nebeneffekt, der manchmal unangenehm und störend, meistens aber sehr schön ist, wenn die Menschen es ehrlich meinen, und den ich heute noch genießen darf. Ich komme schnell mit anderen Menschen ins Gespräch. Natürlich ist meine Bekanntheit auch für vieles ein Türöffner – allerdings versuche ich das nicht auszunutzen. So ist es nicht meine Art, mich als Top-Biathletin vorzustellen. Ich würde nie irgendwo reinstürmen und rufen: »Ich bin die Laura Dahlmeier und Olympiasiegerin!«

Aber durch meine Vergangenheit hat das, was ich tue und erzähle, eine andere Reichweite. Ich scheine die Menschen nach wie vor mit den Themen, die mich beschäftigen, zu begeistern und zu inspirieren. Durch Kanäle wie Instagram und Facebook habe ich nun die Möglichkeit, selbst aktiv zu werden und zu entscheiden, welche Aspekte davon ich teilen möchte. Und ich kann meine Meinung dazu unzensiert äußern. Entscheidend ist für mich, dass ich mir dabei stets selbst treu bleibe.

Trotz meiner Bekanntheit bin ich aber nicht mehr die prominente Biathletin. Was bin ich dann? Eine Radfahrerin? Eine Kletterin? Eine Bergführerin? Oder gar eine Influencerin? Ich fahre gerne Rad, auch mal weiter, aber deshalb bin ich keine Radfahrerin. Ich mache ab und zu bei Trailrunning-Läufen mit, aber das macht mich noch lange nicht zu einer Profiberglӓuferin. Für eine Kletterin bin ich viel zu viel Ausdauersportlerin und für eine klassische Ausdauersportlerin gehe ich viel zu viel klettern und mache zu viel Krafttraining. Der Bergsport ist mir sehr wichtig und nimmt gerade eine große Rolle in meinem Leben ein. Ich studiere Sportwissenschaften, weil mich auch die Theorie hinter dem Sport schon immer interessiert hat. Und ich mache die Bergführerausbildung, weil ich dabei unheimlich viel lernen und mein Können und meine Erfahrungen anschließend mit anderen teilen kann.

Aber ich betreibe Bergsport nicht als Leistungssport. Natürlich suche ich mir Touren, die mich herausfordern – aber ganz ohne Leistungsgedanken. Ich werde keine Spitzenalpinistin mehr, denn dann hätte ich auch beim Leistungssport Biathlon bleiben können. Und ich setze mich auch nicht hin und plane: »Okay, dieses Jahr muss ich diese und jene Touren schaffen und die müssen so und so schwer sein.« Ich möchte einfach draußen eine schöne Zeit an gutem Fels und zusammen mit netten Menschen verbringen.

Mein großes Glück ist, dass ich meinen Weg nun weitestgehend frei und selbstbestimmt gehen darf. Ich bin an niemand und nichts gebunden. Ich muss mich nicht abstimmen und kann jeden Tag aufs Neue entscheiden, wo es hingehen darf. Natürlich habe ich im beruflichen Kontext Verpflichtungen. Für diese entscheide ich mich aber sehr bewusst und komme ihnen dann auch gerne und verlässlich nach – auch wenn ich an Tagen mit bestem Bergwetter durchaus andere Ideen hätte.

Es ist mir wichtig, eine Meinung zu haben und zu dieser zu stehen, meinen Weg zu finden und ihn zu gehen, dabei immer wieder neue Ideen zu entwickeln und Ziele zu verfolgen, aber auch träumen zu dürfen und bei all dem bei mir zu bleiben und möglichst immer ich selbst zu sein. Deshalb möchte ich mich aber weder aktuell als etwas Bestimmtes definieren, noch mag ich mich festlegen, wo ich in zwanzig Jahren stehen werde. Nur eine Sache ist sicher: Was auch immer ich in Zukunft anpacken werde – ob als ehemalige Biathletin, ambitionierte Alpinistin, Bergführerin, Sportwissenschaftlerin, als etwas ganz Neues oder einfach nur als die Laura –, meine Devise wird immer sein: »Wenn ich was mach, dann mach ich's gscheid!«